Fritz Hungerleider

MEIN WEG ZUR MYSTIK

Eine religiöse Autobiographie

Herder
Wien · Freiburg · Basel

Meiner Frau Inge
in tiefer Dankbarkeit
gewidmet

Satz und Druck: Offsetdruck Carl Ueberreuter
Ges. m. b. H., 2100 Korneuburg
Umschlaggestaltung: Endre Fáy
Bestellnummer: ISBN 3-210-24908-3

Inhalt

Vorwort

„Der Fromme von morgen wird ein Mystiker sein,
einer, der etwas erfahren hat,
wogegen die übliche religiöse Erziehung
nur noch eine sekundäre Dressur
für das religiös Institutionelle sein kann.*)

Karl Rahner

Die Mystik ist unter Menschen, die Religion im herkömmlichen Sinne betrachten und betreiben, eher ein Stiefkind. Denn mystische Erfahrungen des einzelnen sind rational nicht verifizierbar; was allerdings genauso auf dogmatisch fixierte „Glaubenswahrheiten" zuträfe. So läßt man zur Not Bekenntnisse von kanonisierten Heiligen und solchen Mystikern gelten, die von der Kirche anerkannt wurden. Allein, die Mystik scheint sich nach eigenen und geheimen Gesetzen zu entfalten, und Kräfte, die hinter ihr stehen, scheinen zuweilen solche zu begnadigen, die sich selbst der Gnade als unwert erachten. Der Glaube steht im Christentum an erster Stelle. Erst danach kommen Scholastik und Mystik. Doch gerade weil es so vielerlei Glaubenssätze gibt (und in jüngster Zeit die Religionen der Welt immer besser bekannt werden), entsteht manchen Orts Verwirrung und Unsicherheit. Der wahrhaft religiöse Mensch

* Anmerkungen siehe auf Seite 116

sehnt sich deshalb nach eigenem Erleben. Nun gibt es Mystik nicht nur im Christentum, sondern in allen Hochreligionen. Sind die Erfahrungen der großen Mystiker unterschiedlich? Sind sie ähnlich? Oder sind sie gar identisch? Darüber soll berichtet werden. Um zur Mystik hinzugelangen, gibt es verschiedene Wege. Einen unter diesen bin ich selbst gegangen, und er hat mich maßlos beglückt. Dieser Weg soll in allen Stücken wahrheitsgetreu nachgezeichnet werden. Die einzelnen Etappen entsprechen ungefähr den nachfolgenden Kapiteln, doch sei darauf hingewiesen, daß meine geistige Entwicklung nicht einer Geraden auf einem Reißbrett entsprach, sondern zuweilen verschlungene Strukturen aufwies. – Man erwarte sich keine religionsgeschichtliche Abhandlung, sondern eine lebendige Darstellung eines Weges, der durch viele Religionen hindurchführte und schließlich bei einer „Mystik an sich“ endete.

I. Kapitel
Erinnerungen aus der Kindheit oder ‚Der Mischling'

Ich entstamme einer Mischehe. Mein Vater war ein mäßig liberaler Jude, meine Mutter eine Katholikin, die man beim besten Willen nicht fromm nennen könnte. Ihren Schwiegereltern zuliebe trat sie vor der Hochzeit zum Judentum über, doch kehrte sie nach deren Tod in die Kirche zurück. In der Schule bekam ich eine jüdische Erziehung, und an meinem 13. Geburtstag wurde Bar Mizwa (soviel wie religiöse Großjährigkeit) festlich begangen. Von allem Anfang an unterschied ich mich von meinen Eltern darin, daß mir Religion ein tiefes Anliegen war. Ich spreche von „Religion", die ich vorerst in beiden Gestalten kennenlernte; mit Begeisterung begleitete ich meinen Vater Freitag abends in die Synagoge und folgte meiner Mutter mit ganz der gleichen Begeisterung am Sonntag in die Kirche. Natürlich wurden die wesentlichen Feiertage beider Konfessionen von meinen Eltern befolgt – von mir aber mit Inbrunst begangen. Am Fronleichnamsfest z. B. war ich bemüht, bei der Prozession möglichst nahe an den „Himmel" heranzukommen, hinter ihm einherzuschreiten.

In der Schule hatte ich von allem Anfang an Schwierigkeiten. Gern ging ich nur in die Religionsstunde, die weltlichen Fächer interessierten mich kaum. Musik und Gesang waren die Ausnahmen, hier konnte sich mein Gefühl ausleben. Sonst aber hatte ich nur eine unausgesprochene Sehnsucht nach dem Ewigen, nach dem Unendlichen.

Es kam zur Berufswahl. Mein Vater, ein rechtschaffener, braver, ein sehr guter Mensch, jedoch ein Vollblutkaufmann, der alle „Überspanntheiten" (so bezeichnete er stets meine spirituellen Neigungen) ablehnte, fragte mich eines Tages – ich kann mich noch sehr gut daran erinnern –, was ich einmal werden möchte.

Ich sagte: „Vater, das wirst du doch selbst entscheiden."

„Nein", sagte er, „meinem Sohn soll es einmal besser gehen, als es mir in der Jugend ergangen ist. Du kannst dir deinen Beruf selbst erwählen."

„Meinst du das wirklich?"

„Sicherlich!"

„Gut. Also ich möchte ein Hirte werden."

„Wie bitte? Sag das noch einmal."

„Ein Hirte. Ich möchte auf einer Alm leben mit Kälbern und Ziegen und Schafen . . ."

„Ja und – und!"

„Ich will mit ihnen leben und beobachten, wie die Sonne aufgeht und untergeht, wie der Mond aufgeht und untergeht; wie die Sterne . . ."

„Ja, und weiter??"

„Und ich will nachdenken."

„Nachdenken? Worüber?"

„Über die Ewigkeit. Über die Unendlichkeit. Über Gott. Über die Geheimnisse."

„Mama", sagte mein Vater traurig zu meiner Mutter, „Mama, aus dem wird einmal nichts. Das wird ein Spinner." Zu mir gewandt sagte er: „Wähl' dir einen anderen Beruf."

„Religionslehrer oder Theologe, oder so etwas."

„Kommt nicht in Frage. Ich gebe dir noch eine Chance: Wähle dir einen vernünftigen Beruf."

„Gut, dann will ich Dirigent werden."

„Ein Musikant will er werden!" rief mein Vater erbost, „einen Hungerberuf will er sich aussuchen. Das kommt überhaupt nicht in Frage. Da hat man sich ein herrliches Geschäft aufgebaut, hat nur einen einzigen Sohn, der es einmal erben wird . . ."

Und so ging das weiter.

Schließlich sagte er kategorisch: „Ein Kaufmann wirst du einmal werden; und damit Schluß!"

Nach der Volksschule hatte ich schon mit einer humanistischen Ausbildung geliebäugelt, doch steckten mich meine Eltern in ein Realgymnasium. Fleißig ging ich nach wie vor in die Gotteshäuser und begann zu differenzieren. In der Kirche fühlte ich mich wohl, glücklich und geborgen. Die Orgel; die Chöre (insbesondere die Gregorianischen Choräle, diese wahre Himmelsmusik, hatten es mir angetan); die Messen; die Requien: wie erhebend war doch alles und wie nahe fühlte ich mich zu jener anderen Welt hingerückt.

Das einzige vielleicht, was mich dabei immer schon bedrückte, war der tiefe Ernst, die offensichtliche Trauer der Priester und des Kirchenvolks. Niemand lächelte, geschweige denn lachte. Und das, obwohl es doch eine Religion der Erlösung war. Die Tatsache, daß das Lächeln im Christentum keinen Platz fand, sollte mich in späteren Jahren und Jahrzehnten immer wieder irritieren.[1]

Warum ist Humor aus der Kirche verbannt? Einmal befragte ich darüber einen Katecheten. Er sagte, daß Jesus nie gelächelt hätte, und deshalb verhalte sich jeder Christ in der Kirche ernst und würdig. Ich war mit der Antwort unzufrieden und entbehrte den religiösen Humor (wohl gemerkt: nicht etwa billige Witzchen, nein, befreiendes, erlösendes Lachen, das einen – heute würde ich sagen – über das Elend und die Widersprüchlichkeit des Daseins hinweghebt). Viel später fand ich ihn reichlich im chinesischen Buddhismus, vor allem in den Ch'an-Schulen, wo Wu (Erleuchtung) zuweilen mit einem brüllenden Gelächter einhergeht. Ich fand ihn bei Pu-hua, im Taoismus bei Chuang-tse und bei manchen religiösen Eulenspiegeleien.

In der Synagoge war die Atmosphäre anders, irgendwie ungezwungener, aber aus anderen Gründen unbefriedigend. Die Betenden unterbrachen zuweilen ihr frommes Tun, plauderten miteinander, machten gar den einen oder anderen Scherz. Der a-capella-Chor war mir musikalisch zu dürftig, eine feierliche, erhabene und erhebende Gemütsbewegung wollte sich nicht einstellen. Um nochmals auf die hl. Messe zurückzukommen: ich habe niemals an der Kommunion teilgenommen. (Um bei der Wahrheit zu bleiben: die einzige Ausnahme war in der Armenischen Sowjetrepublik, wo man mir, dem halb Ohnmächtigen, die Hostie in den Mund schob. Doch darüber später im IX. Kapitel.)

Um die Gründe meiner Abneigung gegenüber dem Kommunizieren aufzuzeigen, muß ich in die frühe Kindheit zurückgreifen. – Ich hatte eine von mir sehr geliebte Tante. Sie starb. Am Begräbnis durfte ich nicht teilnehmen, da ich noch zu klein war, doch waren wir alle zum sogenannten „Leichenschmaus" eingeladen. Ich hatte das Wort zuvor noch nie gehört. Wildes Entsetzen ergriff mich. In Panik schrie ich immer wieder: „Nein, ich will die Tante nicht essen!" Alle Beruhigungen halfen nichts. Ich mußte mit Fieber zu Bett. – Als ich dann später lernte, daß die Hostie den mystischen Leib des Messias darstelle, den man zu essen habe, um das ewige Leben zu erlangen, dann hatte ich auch davor immer wieder eine starke innere Hemmung. Ich befragte praktizierende Katholiken, ob man die hl. Eucharistie symbolisch aufzufassen habe oder ob die Hostie sich während der Gebete des Priesters mystisch in den Leib des Heilands verwandelte. Die Antworten waren zwiespältig, und so blieb ich unwissend, in Unruhe zurück. – Man verstehe mich recht: Sicherlich liegt zwischen dem eher dümmlichen Begriff „Leichenschmaus" und der hl. Eucharistie-Feier eine Welt. Vielleicht aber war es so zu verstehen, daß ich mich aus unerklärlichen Gründen gegen das „Gottessen" wehrte, ein Ritual, das bereits in archaischen Zeiten geübt wurde. Was wissen wir schon aus unserer Vergangenheit, die wir ständig mit uns herumschleppen?

II. Kapitel

Der liebe Gott und die Blutwurst

Eigentlich wären mich alle diese Dinge ja gar nichts angegangen, denn ich hatte die jüdische Religionsstunde zu besuchen. Doch machte ich insgeheim „Ausflüge" in den katholischen Unterricht. Die Juden, das hatte ich bald herausbekommen, hatten mich nie voll anerkannt. Denn meine Mutter war Nichtjüdin und nicht des Vaters, sondern der Mutter Religion war als Kriterium für eine Anerkennung maßgeblich. Sie aber war eben nur eine „Übergetretene", so sagten mir einige Schulkollegen mit leichter Geringschätzung.

Was erlebte ich in der jüdischen Religionsstunde? – Der alte Religionslehrer ging gerade in Pension. Sein Nachfolger war ein junger, leidenschaftlicher Rabbi, der sehr auf Verinnerlichung aus war. Zuerst hatte er mit mir eine große Freude: Da saß ein Junge in der ersten Bank, sah ihn unverwandt an, trank seine Worte von den Lippen, während die anderen Schüler unaufmerksam waren, zuweilen Unfug trieben, Karten spielten etc. Die Begeisterung des Rabbi legte sich aber bald, als es mir gelang, seine Wohnadresse ausfindig zu machen, um ihm schon früh am Morgen aufzulauern und ihn mit allen möglichen religiösen Fragen zu bestürmen. War die Religionsstunde zu Ende, folgte ich ihm in die nächste Klasse, in der ich gar nichts verloren hatte. Seinen ernsten Vorhaltungen, daß ich doch jetzt Geographie zu lernen hätte, begegnete ich lächelnd mit den Worten: „Was soll mir das Weltliche?"

Unter allen Abschnitten des Alten Testaments ergriff mich nichts so sehr wie das Geschick des Hiob. Er wurde zu meinem großen Freund, und der leidenschaftliche Gerechtigkeitssinn eines jungen Menschen empörte sich gegen Gott. Ich identifizierte mich mit Hiob, bäumte mich in wildem Trotz auf. Später bemerkte ich, daß es auch heute noch Hiobs gibt, wahrhaft gute Menschen, denen nur Elend beschieden ist, und daß daneben Gauner in Saus und Braus leben, denen alles gelingt. – In der Schule nahmen meine Liebe und mein grenzenloses Mitleid mit Hiob schließlich beängstigende Formen an. Sein ironisches Loblied auf den Tod, in dem er alle Argumente zusammentrug, waren Wasser auf meine Mühle; und daß er den Tod als eine Katastrophe bezeichnete, die den einzigen Vorzug hatte, daß damit alle übrigen Katastrophen endeten, waren Gedanken, die mich in paradoxes Entzücken versetzten. – Warum der Lehrer mir damals das Buch Kohelet (Prediger) unterschlug, war aus seiner Sicht klug. Meine Abwendung vom Judentum wäre unausbleiblich gewesen. Viel viel später erst begann ich, mich mit diesem herrlichen skeptisch-pessimistischen Text zu beschäftigen.[2]

Einmal belehrte uns der Rabbi, daß Gott jedem Menschen einmal (oder öfters) im Leben erscheinen würde, so man unablässig und in letzter Hingabe zu ihm betete. Meine betende Inbrunst kannte keine Grenzen. Abends setzte ich mein kleines Käppchen auf, ging damit zu Bett und betete und betete. Während man andere Kinder gewöhnlich zum Abendgebet anhalten muß, sahen meine Eltern eher die Aufgabe, mich einzubremsen. Monate hindurch betete ich mit letzter Hingabe; aber nichts geschah. Da hatte ich einen tollen (kindlichen) Einfall: Wenn Gott nicht bereit war, mir im Guten zu erscheinen, so wollte ich im Bösen mit ihm vorlieb nehmen. Das heiligste aller jüdischen Feste, der Jom Kippur (Versöhnungsfest), kam heran. An diesem Tag hat jeder Jude über 13 Jahre ein strenges Fastengebot einzuhalten. Ich aber wollte ein doppeltes Sakrileg begehen und kaufte mir eine Blutwurst. Nun sind Speisen, aus Blut zubereitet, dem Juden immer und nicht nur am Jom Kippur verboten. – Ich aber verzehrte mein äußerst unheiliges Mahl und harrte in großer

Aufregung der Dinge, die unweigerlich über mich hereinbrechen würden. Schwere Leibschmerzen . . ., oder zumindest würde ein Zahn rasend zu rebellieren beginnen. Irgend etwas müßte doch geschehen, so flehte ich zum Himmel. Aber – es geschah nichts. Und ich wurde furchtbar traurig und fühlte mich ob des Ausbleibens der verdienten Strafe einsam und verlassen wie nie zuvor. Noch aber trennte ich mich nicht vom Gott der Bibel und tröstete mich damit, daß meiner kecken Herausforderung eine passende Antwort erteilt worden war: „Auf das Wartegleis mit dir!"

Unser junger und recht aufgeschlossener Rabbi sprach zu uns über Gottesbeweise. Tage danach wurde ich zur Prüfung aufgerufen und nach meinem persönlichen Gottesbeweis befragt. Da brach es aus meinem innersten Inneren hervor, und ich rief – sicherlich in großem Pathos: „Es – gab – Mozart, also muß es Gott geben!" – Um diese Worte einigermaßen verständlich zu machen, bitte ich meine verehrten Leser um die Erlaubnis, etwas ausholen zu dürfen. Mit dem Eintritt ins Gymnasium und bis zum Abschluß der Reifeprüfung weigerte ich mich beharrlich, am 5. Dezember zur Schule zu gehen. Drohungen der Professoren ließen mich kalt, und sollte gar eine Schularbeit für diesen Tag angesetzt sein, nahm ich eben ein „Nichtgenügend" in Kauf. Warum? Der 5. Dezember war der Todestag meines Abgotts. Mit schwarzem Kreppapier schlug ich mein Zimmer aus und zwang meine (noch dazu unmusikalische) Großtante, die damals meine Erziehung über hatte, Trauerkleider anzulegen. Ich pilgerte nach St. Marx auf den Friedhof, legte eine Blume auf sein (wahrscheinliches) Grab und weinte.

Jahre später, als ich mit den Problemen der Theodizee konfrontiert wurde, nahm ich von meinem jugendlichen Gottesbeweis: „Es gab Mozart . . ." traurigen Herzens Abschied. So einfach lagen die Dinge eben leider doch nicht.

III. Kapitel

Die religiöse Sturm- und Drangperiode oder ‚Wege und Irrwege'

Den anderen Zweig meiner geistigen Abstammung wollte ich jedoch keineswegs vernachlässigen, und so freundete ich mich auch mit dem katholischen Religionslehrer an und verwickelte ihn, wo immer ich seiner habhaft werden konnte, in – zuweilen – leidenschaftliche Diskussionen. In meinem Inneren jedoch entstanden Fragen, die weder der jüdische noch der katholische Geistliche zu lösen imstande waren. Warum? Wieso? Wozu bin ich? Ich kam aus dem maßlosen Staunen über meine eigene Existenz nicht heraus. Natürlich war damals von einer theoretischen Formulierung des Gedankens noch keine Rede. Nur fassungsloses Staunen war da.

Dazu kam noch ein anderer Gedanke: Ich könnte allerdings den Tag nicht bezeichnen, da ich erstmals mit den Mysterien des Zeitablaufes konfrontiert wurde. Eines jedoch ist gewiß, daß ich bereits in früher Jugend tief beunruhigt und geängstigt wurde von der Tatsache, daß nichts verharrte, daß alles um uns herum vergänglich ist. Natürlich war ich noch weit davon entfernt, diesen Gedanken theoretisch fixieren zu können, noch ahnte ich, welche Bedeutung er einmal für mich gewinnen würde, als ich ihn an erster Stelle der Drei Daseinsmerkmale in der Lehrverkündigung des Buddha wiederfand. Noch war ich sehr jung. Die Erkenntnis der fliehenden Zeit, des niemals anhaltenden Zeitstroms, zeigte sich zuerst primitiv.–

Am Tage, ehe die Sommerferien begannen, am Tag des Schulschlusses, kannte ich einen Augenblick der „Reinen Freude". Doch jeder Tag danach machte mich tauriger, und ich zählte mit Kümmernis die Tage, die noch verblieben und dahinschmolzen, bis – aus meiner damaligen

Sicht – die Zeitvergeudung des Lernens weltlicher Dinge wieder ihren Lauf nahm. Sicherlich hatte ich kein großes Glück mit meinen Lehrern, sie jedoch ganz gewiß noch weniger mit mir.

Ein besonderes Pech hatte ich mit meinem Professor für Geschichte. Er war der trockenste Geselle, den man sich nur vorstellen kann. Nun ließ mich Geschichte schon immer unberührt, denn sie beschäftigt sich mit Zeitabläufen, also mit Vergänglichem. – Der Professor erzählte uns über Kriege, Revolutionen, Verschwörungen, Hinrichtungen, und wir hatten Jahreszahlen zu büffeln ... Man hätte aus dem Geschichtsunterricht sicherlich etwas anderes machen und die Phantasie anregen können. Das sollten wir eines Tages erfahren, als unser Professor erkrankte und drei Wochen ausfiel. Seine Vertretung war aus ganz anderem Holz geschnitzt. Gleich am ersten Tag ging er mit uns in die Stephanskirche, zeigte uns die prachtvollen Glasfenster hinter dem Hochaltar und setzte, in die Schule zurückgekehrt, hier an, um seinen Geschichtsunterricht zu entfalten. Und wir begannen zu ahnen, daß es Wertvolleres gab, als das, was wir bisher zu lernen hatten: z. B. die Geschichte der Künste. – Wir alle waren sehr traurig, als wir die Genesung des anderen Lehrers zur Kenntnis nehmen mußten, der musische Lehrer uns verließ, und das Büffeln der Jahreszahlen bzw. das Waten in historischem Blut seinen Fortgang nahm.

Wieso mich das alles so anwiderte, hatte einen besonderen Grund: Zu meiner Bar Mizwa hatten mir meine Großeltern das Gesamtwerk von Leo Tolstoi (mit einem Kärtchen: „Für spätere Jahre“) geschenkt. Der Eindruck, den er von allem Anfang an auf mich ausübte, war denkbar groß. Tolstoi machte mich zum leidenschaftlichsten Friedens-Liebenden, zu einem Kriegs-Hasser und glühenden Pazifisten, er brachte mir das nahe, was er selbst als Urchristentum verstand. Damit wollte auch ich mich sogleich identifizieren. – Wurde ich vom Professor, den ich inzwischen zu hassen gelernt hatte, nach Datum und Umständen eines Krieges befragt, verwendete ich stets das Wort „Mord". Dagegen verwarf ich die Bezeichnung „Selbstmord" und setzte dafür „Freitod". Als der Lehrer eines Tages vom „gerechten Krieg" und von der „Tapferkeit vor dem Feind" sprach, konnte ich mich nicht mehr halten und spielte dagegen mit Wonne und Ironie die Ideale der Bergpredigt aus. Erst, so höhnte ich, müsse man also den Feind umbringen und dann, wenn er tot vor einem liegt, dann also möge man zur Liebe zurückkehren. Oder wisse er einen besseren Weg? – Die Klasse lachte, meine Beliebtheit beim Professor sank auf den Null-Punkt.

Es muß um diese Zeit gewesen sein, daß ich erstmals, wenn auch sehr indirekt und auf eher heitere Weise, mit „Meditation" in Berührung gekommen bin. Ich hatte einen Schulfreund, der sich in der Pause seltsam benahm. Er ging ans Fenster und blickte hinaus. Ich tat ein Gleiches, ohne jedoch etwas Auffälliges zu beobachten.

Eines Tages fragte ich ihn, was es denn da so Interessantes zu sehen gebe?

Er sagte: „Nichts".

Ich fragte ihn, warum er denn dann hinausstarrte.

Er sagte: „Ich schau halt g'rad so; und das ist wunderschön, ein herrliches Gefühl."

„Und wohin schaust du denn dann?"

„Ich schau ins ‚Narrnkastl'", war die erstaunliche Antwort.

Was mag das nur sein, das Narrnkastl, dachte ich bei mir, aber es muß schön sein, er sah so glücklich aus. Ich versuchte es auch, aber es schien mißlungen zu sein, denn unten sah ich Menschen, Autos, Hunde; der Eintritt ins Narrenkastl war mir vorerst verwehrt.

Auf ausdrücklichen Wunsch meiner Eltern hatte ich nun vom Realgymnasium in die Handelsakademie zu übersiedeln. – „Soll der Sinn meines Lebens darin bestehen, daß ich ein Ding teurer verkaufen werde, als ich es eingekauft habe?" fragte ich meinen leidgeprüften, ratlosen Vater. Er aber wollte unbedingt aus einem musischen Träumer einen lebenstüchtigen Kaufmann formen lassen. Die Lehrfächer, mit denen ich mich nun herumzuschlagen hatte, brachten mich an den Rand der Verzweiflung: Wirtschaftsgeographie, doppelte Buchführung, Stenographie, Warenkunde, etc. – Meinen neuen Lehrern sagte ich sogleich, daß ich mit Zeitlichem und Weltlichem nichts anzufangen wüßte und daß nur die Beschäftigung mit der Ewigkeit lohne. Sie meinten, ich sei hier völlig falsch am Platz, ich möge doch Theologie studieren. Ich flehte sie an, dies meinen Eltern zu verdeutlichen. Bei all dem kam jedoch nichts heraus, und so quälte ich mich bis zur Matura (1938) durch.

Zu meiner größten Freude war damals auch in der Handelsakademie Religion ein Pflichtgegenstand, und hier fand ich wieder einmal meinen Rettungsanker. – Der jüdische Religionsunterricht genügte mir aber nicht mehr. Was tat ich? Ich schwänzte das eine und andere Handelsfach und saß in einer fremden Klasse beim „Monsignore", um seine Worte mit gleicher Begeisterung aufzunehmen, wie ich das stets beim Rabbi tat. Daß ich die Matura positiv – wenn auch durchwegs mit den vorletzten Noten – beendete, war kaum verständlich. Vielleicht haben meine beiden religiösen Freunde bei ihren Kollegen etwas nachgeholfen.

Gewiß ist nur, daß ich so viel lernte, als nötig war, um eine Wiederholung der Klasse zu vermeiden, um die „Zeitvergeudung" (so nannte ich das damals) auf ein Mindestmaß zu beschränken und die leidige Institution möglichst rasch hinter mich zu bringen, um – so lautete mein unerfüllbarer Traum – mich endlich der Unendlichkeit und Ewigkeit zuzuwenden.

Inzwischen wurde ich immer kritischer. Daß ich mit dem Vater am Freitagabend (zum Eingang des hl. Sabbat) mit dem Auto fuhr, paßte mir nicht, noch mehr bekrittelte ich, daß er am Samstag sein Geschäft überhaupt offen hielt, da dies doch ganz besonders gegen die Sabbat-Ruhe verstieß. Meine Mutter wollte einmal zu Ostern nicht in die Kirche gehen. Sie fühlte sich indisponiert. Flugs schrieb ich für sie eine „Osterpredigt“ und trug diese pathetisch vor. Kritisch äußerte ich mich aber den Lehren der beiden Religionen gegenüber. Eines der ersten Probleme, mit denen ich mich herumzuschlagen begann, war das des freien Willens mit den oft bösen Konsequenzen. Gott will keine Marionetten, sagte man mir, sondern Menschen, die imstande waren, sich frei immer für oder gegen etwas zu entscheiden. Gut, das leuchtete mir ein. Aber ein Allwissender, Allmächtiger, dem fiel keine bessere Lösung ein als das, was wir als Menschheitstragödie beklagen müssen?! Das wollte nicht in meinen Kopf hinein. Immer mehr begannen die Fragen zu bohren: „Und wieso? Und warum? Und weshalb?“ Sicherlich betrachtete ich die mir damals bekannten zwei Religionen ausschließlich aus scholastischer Sicht, und so gelangte ich von einer Verwirrung in die andere, es wurden schließlich Aversionen und Aggressionen hochgeschleudert. Wenn ich heute meine religiöse Sturm-und-Drang-Periode überblicke ... wie fern lag da noch der heilige Bezirk einer All-Mystik!

Ich will nur einen Gedanken notieren, der mich frühzeitig bedrängte: Kein Mensch hat je gezählt, wie oft sich die schönen Künste des Kreuzes und des Gekreuzigten bemächtigten. In jeder Kirche, auf jeder Turmspitze, auf den Friedhöfen, auf den Rockaufschlägen der Priester, an goldenen Kettchen um den Hals, als goldenes Ehrenzeichen für Tapferkeit, wenn man im Krieg einige Menschen umgebracht hatte: das grauenvolle Zeichen des Henkers, der Hinrichtungsgalgen! Das verstand ich nicht. Alle Symbole, die man sonst hineininterpretierte, waren paulinischer Herkunft oder stammten aus der Heidenkirche, sagte ich; solche Interpretationen wollte ich nicht gelten lassen. Wie dem immer auch sei, das Kreuz hatte, zumindest vordergründig, etwas Schauerliches an sich. Und dann dachte ich weiter: Der Mord an dem Gottessohn war doch nicht das Entscheidende an der Frohbotschaft, sondern seine AUFERSTEHUNG! Jeder Fromme, wenn er die Kirche betritt, wenn er sie verläßt und mehrmals während der Messe „schlägt das Kreuz über sich." Konnte man kein besseres Symbol finden, um der Auferstehung durch Erlösung zu gedenken, als den Galgen? Es gibt einige wenige Gemälde, die Jesus als den Auferstandenen zeigen. Welche Erhabenheit durchpulste mich bei meiner frommen Betrachtung. Wie gräßlich dagegen wirkte auf mich immer wieder eine naturalistische Kreuzigungsszene, wie etwa die eines Wolf Huber aus der Donauschule. An sich natürlich ein prachtvolles Gemälde, aber religiös gab es mir, abgesehen von tiefem Schock und Mitleid, nichts, oder eher ein negatives Empfinden des Mißtrauens: Ein Gott verröchelt am Galgen. (Ich hatte frühzeitig ein religiöses Tagebuch angelegt, so daß es mir nicht schwer fällt, Gedanken und Gefühle, die mich bereits damals durchpulsten, zu rekonstruieren.) Und weiter dachte ich bei mir, daß es verständlich ist, wenn man unter dem Kreuz nur düstere Mienen bei den Kirchgängern findet. Würde man die Symbole auswechseln und immer nur den Auferstandenen zeigen – so notierte ich, allerdings erst später –, die Mienen der Andächtigen hellten sich gewiß auf, und Friedrich Nietzsche hätte keinen Grund für seine ironische Bemerkung gehabt, daß ihm die Christen „zu wenig erlöst ausschauten."

Ich wiederhole: Ein Gott verröchelt am Galgen. Aber vielleicht war es doch nur ein Rabbi namens Jeshua aus der Schule der Essener, der sich – gleich manchem vor und auch nach ihm – für den Messias hielt oder von seinen Jüngern dazu überredet wurde? Ach, wenn man das nur wüßte – stöhnte ich damals. Nur damals? Man muß glauben, sagte man mir. Und wenn man nicht kann, fragte ich. Warten und bitten um den Glauben. Immer wieder kreisten meine Gedanken um die grauenvolle Tragödie auf Golgotha. Da hing ein Gott am Kreuz, krümmte sich vor Schmerzen und schrie seine Verlassenheit, seine namenlose Enttäuschung heraus: „Eli, Eli, lema sabachtani!" Ist etwas Erschütternderes überhaupt denkbar? – Ich wurde belehrt, daß sowohl seine physischen Qualen als auch seine psychische Verzweiflung nur der menschlichen Natur des Gottes-Sohnes entsprachen. Seine göttliche Natur jedoch blieb dem irdischen Auge unsichtbar.

Ich suchte Gott mit jeder Faser meines Herzens und – verzweifelte. Weil seine Schöpfung, sagte ich, so kläglich mißlang und sich die Menschen selbst und gegenseitig umbrachten, sandte er seinen „eingeborenen Sohn", der schließlich am Kreuz die schimpflichste aller Todesarten erlitt. Die Geschichte des Sündenfalls hatte keine Kraft, mich zu beruhigen. Völlig ratlos – und das von allem Anfang an – ließen mich die ungezählten Tiertragödien: Tiere, die töten mußten, um selbst eine bescheidene Zeitspanne leben zu können. Hier gab es nicht einmal die Ausrede des Sündenfalls. Nach Jahren vergeblichen Suchens nach Erklärungen fällte ich in jugendlichem Trotz das Verdikt: Die Schöpfung – ein Stümperwerk!

Die Literatur brachte mich zu Paulus, und ich wurde mißtrauisch; immer unglaubwürdiger erschien mir die Dogmatik mit ihren „Glaubenswahrheiten". Rabbi Jeshua (ich lehnte damals trotzig den griechischen Namen ab und sprach auch immer von seiner Mutter als Mirjam. So hießen sie schließlich als Juden, sagte ich) sollte tatsächlich schon der Messias gewesen sein? Und da die althebräischen Prophezeiungen mit seinem Erscheinen nicht eingetroffen waren (Waffen in Pflugscharen verwandeln; der Wolf werde neben dem Lamm, der Panther beim Böcklein wohnen; die wilden Tiere werden Stroh fressen), müsse er eben ein zweites Mal kommen, und dann erst werde die Endzeit anbrechen. So hieß es. Ich notierte einen Seufzer, den ich damals immer wieder ausstieß: „Oh Paulus, Paulus, was hast du aus Jeshua gemacht!" – Trotz all dem fühlte ich mich immer schon und auch nachher in den Kirchen durchaus heimisch, sie waren mein wahres Zuhause, eine Tatsache, die ich vorerst logisch überhaupt nicht lösen konnte. Dazu benötigte ich noch, wie ich es heute sehe, eine jahrzehntelange Wanderung durch viele geistige Welten.

Da gab es noch eine dritte Religion, mit der ich mich ebenfalls auseinandersetzen wollte, das war der Islam. Daß natürlich nur die monotheistischen Bekenntnisse in Frage kämen, war damals für mich ausgemacht. Alle anderen Religionen, von denen ich nicht mehr als gerade ihre Namen wußte, waren für mich „heidnisch", Blendwerk des Teufels. – Ich versuchte mich in einigen Suren des Koran, doch legte ich sie bald enttäuscht zur Seite. Mein religiöses Ideal, das mich zu jener Zeit beherrschte, war durch Tolstois starken Einfluß „urchristlich". Und eine Lehre, die mit Feuer und Schwert zu verkünden sei, widersprach mir grundsätzlich. Daß ich in der islamischen Mystik einstmals unschätzbare Juwelen auffinden werde, davon konnte ich damals nicht einmal träumen. Vorerst jedoch hielt ich mich daran, daß die Moslems, so der Ruf ihrer geistigen Führer an sie erging, in einen „Heiligen Krieg" zu ziehen hätten. Man bedenke: Wenn ein braver, rechtschaffener Moslem eines natürlichen Todes stirbt, hat er bis zum Jüngsten Tag zu warten, bis sein endgültiges Schicksal sich entscheidet. Wenn sich aber ein junger Fanatiker in die Schlacht wirft, um für Allah und Mohammed zu kämpfen, und er dabei fällt, so gelangt der Märtyrer pfeilschnell ins Paradies und genießt dort die himmlischen Freuden mit glutäugigen Huris. Hat es je eine fürchterlichere und wirkungsvollere Waffe gegeben?

Nach dieser Enttäuschung wandte ich mich neuerlich mit großer Energie den beiden anderen monotheistischen Bekenntnissen zu, wobei mir damals freilich nur – so würde ich es heute bezeichnen – die äußere Hülle zur Verfügung stand. Ich beschaffte mir Bücher und begann autodidaktisch Theologie zu studieren. Hausaufgaben in Buchhaltung und Warenkunde schob ich lässig zur Seite und kopierte im letzten Augenblick vor der Prüfung einige Stellen von Mitschülern. Schließlich gelangte ich zur Fundamentalfrage des Christen: „CUR DEUS HOMO?“ Ja, warum? Darüber grübelte ich, und es bohrte in mir ohne Unterlaß. Wer? Wo? Was ist Gott? Ich kaufte mir sogar ein Lehrbuch für Astronomie. Ich träumte mich in Räume jenseits der Spiralnebel. War dort Gott? Oder war er inmitten der Atomkerne? Fragen über Fragen. Keine oder vielfältige Antworten. Die Theologie? Mit tiefer Sorge mußte ich bemerken, daß mich die Scholastik, die Dogmatik immer mehr von der Religion entfernte, und es gab eine Zeit, da mir der christliche Glaube ganz und gar unwahrscheinlich erschien. Der berühmte Ausspruch: „Credo quia absurdum“ kam mir als eine unfaßbare Dickschädelei vor. Die vielfachen Spitzfindigkeiten, die unlösbare Fragen dennoch beantworten wollten, verloren alle Kraft, und Religion per rationem aufzunehmen, diese Hoffnung mußte ich langsam begraben.

Damals schwanden auch langsam, aber unaufhaltsam, die anthropomorphen Vorstellungen von Gott dahin; was sollte ich auch mit einem Allmächtigen, Allwissenden, Allgütigen anfangen, wenn er noch Eitelkeit, Zorn, Wut und Vergeltung kannte, wie ich es immer aus dem Alten Testament, vor allem in den Psalmen, erfahren mußte?

Über diese innere Entwicklung war ich zutiefst betrübt und bestürzt, und instinktiv hatte ich davor Angst, daß der in Verborgenheit auf mich lauernde Atheismus, Materialismus und Nihilismus über mich Gewalt bekommen könnten. Angst und Grauen vor den Gefahren einer geistigen Sterilität. Wo war der Ausweg? Die Mystik war mir damals noch fremder, ferner als der Mond. So blieb ich vorerst in hoffnungsloser Stimmung allein und ratlos. Aufgeben jedoch wollte ich nicht. Es mußte einen Weg zu ihr, zur Heiligen Religion geben. Nur welchen? Da griff das Schicksal (?) – der Zufall (?), die Bestimmung (?), Kismet (?), Karma (?) oder was sonst – ein und gab meiner Wahrheitssuche ungeahnte Impulse, stieß mich auf einen Weg, der für mein gesamtes weiteres Leben von größter Bedeutung sein sollte.

IV. Kapitel

In die physische und religiöse Emigration

Der Nationalsozialismus war über Österreich hereingebrochen. Mein Vater wollte zuerst mich in Sicherheit wissen und bereitete meine Auswanderung nach Shanghai vor. Das Abitur hatte ich gerade noch abschließen können, doch hatte ich keinerlei praktische Fertigkeiten erlernt, womit ich mich im Ausland hätte über Wasser halten können. Die wenigen Monate des Wartens auf eine Schiffspassage ab Genua sollte ich bei einem Meister verbringen, der aus mir in einem Schnellsiedekurs einen Elektriker machen sollte. Dieses Unterfangen mißlang, da ich beim Verlegen der Steigleitungen zu wenig auf Hammer und Meißel achtete, sondern weiterhin über die seltsamen und unerforschlichen Wege, die Gott mit uns vorhatte, sinnierte. Die Folge war, daß ich oftmals in der Zentrale der Rettungsgesellschaft verarztet werden mußte. –

Dann war der Abschied da. Tränenreich – wie denn sonst? Meine Eltern wollten nachkommen, sobald mein Vater alle Geschäfte liquidiert hatte. In den ersten Monaten der „Machtergreifung" konnte eine „arische" Frau ihren jüdischen Gatten noch einigermaßen schützen. Ich hatte $ 5.– in der Tasche (das war alles, was man einen Emigranten ausführen ließ) und ein kleines Handgepäck (in dem sich die beiden dicken Bände „W. A. Mozart" von O. Jahn befanden – mein großer Schatz, von dem ich mich trotz des vernünftigen Machtwortes des Vaters nicht trennen wollte).

Ohne Verwandte, Freunde, Bekannte, der chinesischen Sprache unkundig, langte ich in Shanghai an. Auf einem großen Plakat stand zu lesen, daß Maestro Mario Pacci, Leiter der Shanghaier Symphoniker, das Requiem von Mozart aufzuführen gedachte und dringend tüchtige Choristen suchte. – „Eine Fügung Gottes!“ war mein erster Gedanke. Ich durfte Mozart singen und bekam dafür noch Geld! Bei den Chorproben wurde meine Stimme erst entdeckt und dann von zwei Stimmpädagogen ausgebildet. Einige Zeit danach sang ich bereits Operetten und Opern, gab Lieder-, Arien- und Duettabende. Dazwischen lernte ich Briefmarken verkaufen und schuf mir damit die Möglichkeit kümmerlicher Einkünfte, um mir täglich einmal den Magen zu füllen. Als meine Eltern schließlich in die Emigration nachkamen, eröffneten wir zusammen mit einem ebenfalls emigrierten Fachmann ein Geschäft für Hemdenstoffe. Ich hatte mich inzwischen in die chinesische Sprache hineingekniet und dieses Studium noch Jahre hindurch systematisch betrieben. Dadurch konnte ich sowohl den Kontakt zu den chinesischen Fabrikanten als auch zur chinesischen Kundschaft übernehmen und aufrecht erhalten.

Anläßlich eines Besuches in einem Emigrantenheim entdeckte ich rein zufällig durch zwei fortgeworfene, zerfetzte Heftchen (das eine „Romeo und Julia“, das andere „Faust, I. Teil“) den Zauber Shakespeares und den Tiefsinn Goethes[3], aber ich verlor auch gleichzeitig meine Freundin, die ich zwang, mit mir in verteilten Rollen die beiden Meisterwerke immer wieder zu lesen. Schließlich hatte sie genug von mir und nahm sich einen anderen Freund, der geistig weniger strapaziös war. Ich aber verliebte mich in ein zauberhaftes Emigrantenmädchen. Sie war vierzehn, ich einundzwanzig Jahre alt.

Als sie fünfzehn Jahre alt war, verlobten wir uns, und ein Jahr danach heirateten wir nach chinesischen Sitten, Riten und Gebräuchen. Sie stammte aus Frankfurt/M., ihre Eltern waren konservative Juden, sie aber hatte sogar eine orthodoxe Erziehung erhalten. Die Synagoge war ihr großes Refugium, und den Sabbat hielt sie so streng, daß sie sogar ihr Schnupftüchlein am Kleid angebunden trug, um den heiligen Tag durch keinerlei Tätigkeit zu entweihen. Bei ihren Großeltern aß sie niemals, da diese die religiösen Gesetze zur Beachtung der „koscheren“ Speisenzubereitung zu wenig befolgten. Als über Deutschland die berüchtigte „Kristallnacht“ hereinbrach, gingen viele Synagogen in Flammen auf. Auch ihr geliebtes Bethaus brannte man bis auf die Mauern nieder. Das Kind saß fassungslos auf einem Stein und heulte. Sie erzählte mir, daß sie ständig vor sich hinsagte: „Wenn Gott zuläßt, daß sein Haus abbrennt, dann gibt es ihn ja gar nicht!“ Das unschuldige Wesen hatte noch keine Ahnung, was Gott imstande ist zuzulassen! So vollzog sich in ihr über Nacht eine radikale Abkehr vom Glauben, und sie wurde Atheistin. – Daß wir chinesisch heirateten, hatte seinen Grund darin, daß wir als religiös Ungebundene weder Kirche noch Synagoge für den Trauungsakt wählen wollten, aber auch keine diplomatische Vertretung wählen konnten, da unser Status „staatenlos“ war und wir deshalb dem chinesischen Gesetz unterstanden. In China gab es jedoch kein Standesamt. So luden wir eines Tages Freunde in das Café Barcelona in der Chusan Road, und eben dort schlossen wir die Ehe nach dem chinesisch-bürgerlichen Gesetz ganz in der Weise, wie wir dies schon öfters bei chinesischen Hochzeiten beobachten konnten. An dieser Stelle will ich jedoch meine biographischen Aufzeichnungen beenden und wieder den Faden der weiteren spirituellen Entwicklung aufnehmen.

Da war ein kleiner buddhistischer Tempel im International Settlement. Halb scheu, halb belustigt blickte ich um mich her. Eine wirre Anzahl von Götzen, Räucherbekken, Schalen. Wenige Andächtige. Ob da irgendein Sinn dahintersteckt, der wert wäre, erforscht zu werden, dachte ich bei mir. Auf der Straße traf ich auf einen Priester mit einem seltsamen Hut, der nur aus einer Krempe bestand. Sein langer Zopf war kunstvoll aufgewickelt und von einer Klammer festgehalten. Das war ein Taoist. Ich freundete mich mit gleichaltrigen jungen Chinesen an, die sich bemühten, mir einiges über diese beiden Religionen und auch über den Konfuzianismus beizubringen. Die Informationen waren mehr als dürftig. Der chinesische Buddhismus war damals bereits stark im Verfall, der Taoismus womöglich in noch schlimmerem Zustand. In den Tempeln verkaufte man außer Räucherstäbchen vor allem Amulette, und die Priester fungierten als Wahrsager. Gewiß gab es auch Tempel, wo der Geist der buddhistischen Lehren und die taoistische Weisheit noch vorhanden waren, vorerst traf ich jedoch nur auf Kultstätten, die dem vordergründigsten Volksbedürfnis zu dienen hatten.

Meine Freunde schwärmten von der Ethik des Kungtse. Soviel ich aus ihnen herausbekommen konnte, war der Konfuzianismus durchaus rational, das behagte mir, gewiß. Er war aber sehr nüchtern, vordergründig und bot meinem Gefühl so gut wie nichts. Also fort mit ihm! Sie schwärmten von der Mystik des Lao-tse und vom gnädigen Erretter Omito Fu (wie ich später herausfand, eine chinesische Verballhornung des alten Sanskritnamens Amitabha Buddha, mit seinem Sitz im Paradies des Westens). Alles war so verwirrend. Und zu welcher Religion sie sich selbst bekannten, das fand ich überhaupt nicht heraus. Wenigstens dieses Rätsel sollte sich eines Tages auf ganz wundersame Art und Weise lösen.

Wenn ich auch immer mehr und mehr mich der chinesischen Mentalität zu nähern begann, wollte ich doch den Kontakt zu Abendländern nicht völlig aufgeben. (Meine junge Frau hatte sich überaus rasch assimiliert, sah mit ihren etwas schräg stehenden Augen, den breiten Backenknochen und ihrem blauschwarzen Haar einem chinesischen Mädchen überaus ähnlich, hatte Gewohnheiten ihrer chinesischen Freundinnen angenommen und sich erstaunlich rasch in der neuen geistigen Welt zurechtgefunden.) Die katholische Missionsstation der Jesuiten wurde von uns an jedem zweiten Sonntag besucht. Die Veranstaltung hieß „Logos“ und war eine Vereinigung von jungen

Akademikern. (An den beiden anderen Sonntagen des Monats traf man sich unter dem Titel „Canisius-Werk" zu gesellschaftlichem Gedankenaustausch auf einfacherer Ebene.)

Jahre hindurch folgte ich den Einladungen und erfreute mich an manch geistvollen Vorträgen. „Was ist Wahrheit?", ein Beitrag von Prof. Kolm, hatte es mir besonders angetan. Daran schloß sich ein reger Briefwechsel und schließlich ein intensiver mündlicher Kontakt. Ich dankte dem Pater für die ständigen Einladungen zum „Logos", doch wollte ich ihm keine Hoffnungen auf eine Taufe machen. Er meinte, das mache ihm weiter nichts aus, er betrachte mich vielmehr als einen Hecht im Karpfenteich, er sei ohnehin müde geworden, von den anderen Teilnehmern stets zu hören: „Ja, Pater, so ist es!" Durch meine ständige Lust an der Polemik, die ich immer einleitete mit: „Nein, Pater. So ist das nicht!", bekämen die Abende erst recht Farbe. Damals begann ich meine ersten bescheidenen religionsphilosophischen Gedanken schriftlich zu fixieren.

Zwei Patres standen der Missionsstation vor. Der eine hieß Traxler, der andere Druxler. Beide waren Elsässer. Ich hörte, daß Pater Traxlers 70. Geburtstag bevorstand. Ich wollte dem geistlichen Herrn eine Freude machen und studierte insgeheim mit Missionsmitgliedern und Gästen eine musikalische Messe ein. Die Aufführung ging recht gut vonstatten, ich selbst sang das Agnus Dei, daß dem guten Pater die Tränen über die Backen liefen. Nach Beendigung der Feier fragte er mich, womit er mir wohl eine Freude machen könne. Ich entgegnete, daß ich allzugerne mit den Missionaren zu den Heiden gezogen wäre, um zu lernen, wie man wohl eine chinesische Familie für den christlichen Glauben gewinnen könne. „Nein", sagte er, „das lieber nicht. Wählen sie sich etwas anderes." – Ich sagte, daß ich ja gar keinen Wunsch hätte, er möge es doch dabei bewenden lassen. Nach einigem Hin und Her gab er die Erlaubnis, daß ich mich den Missionaren anschließen dürfe. Tag und Stunde waren festgesetzt.

Doch ehe wir losmarschierten, gab mir ein junger Pater eine äußerst wichtige Einführung. Er sagte mir, daß es sich bei den Chinesen um „Das eine Volk mit den drei Religionen“ handle.

„Gleichzeitig?“ fragte ich verwundert.

„Gewöhnlich ja“, war die erstaunliche Antwort.

Ich war in ganz anderen geistigen Räumen groß geworden, wo man sich für EINE Religion zu entscheiden hatte. Man war z. B. entweder Moslem oder Jude; entweder Katholik oder Moslem etc. Gewiß, bei mir selbst war das eigentlich schon immer anders gewesen. Aber ich bildete eine Ausnahme. Hier, bei den Chinesen, sollte ein ganzes Volk sich mehr oder weniger zu allen drei Religionen bekennen? Mein Gesprächspartner gab mir folgende Erklärung: Der Chinese erachtet die letzte, an sich unnennbare Wirklichkeit als überaus fernliegend. *Eine* Religion bietet ihm *einen* Zugang, stellt *eine* Perspektive der Wirklichkeit dar. Eine zweite Religion bietet ihm eine weitere Sicht, und die dritte Religion läßt ihn noch tiefer in das eindringen, was er als „Wahrheit“ zu begreifen erhofft.

Nun zogen wir los. Bei unseren Gästen, einer offensichtlich wohlhabenden chinesischen Familie, wurden wir überaus liebenswürdig aufgenommen und mit Tee bewirtet. Nach einigen Höflichkeitsfloskeln wandte sich der Pater schließlich seinem religiösen Anliegen zu und fragte, ob man nicht etwas von der Lehre Christi hören wolle. Man wollte. Der Pater las aus einem in chinesischer Sprache verfertigten Brevier die Bergpredigt vor. Er sagte mir später, daß es unzweckmäßig gewesen wäre, Dogmen wie die unbefleckte Empfängnis Mariens oder die hl. Dreifaltigkeit zu erläutern. Er hätte sich dafür entschieden, vorerst die Ethik darzulegen, da hiebei große Ähnlichkeiten mit den drei heidnischen (so sagte man damals noch; heute verwendet man diesen diskriminierenden Ausdruck kaum mehr) Religionen aufzufinden waren. Und tatsächlich gab es bei unseren Gastgebern erfreut-beifällige Gesichter. Die Bergpredigt hatte sogleich einen tiefen Eindruck hinterlassen. Wir versprachen wiederzukommen, und ein Termin wurde fixiert. Auch beim zweiten und dritten Besuch wollte ich unbedingt teilnehmen und beharrlich setzte ich meinen Wunsch durch. Diese beiden nächsten Besuche verliefen ähnlich: Der Pater hatte wieder wundervolle ethische Texte ausgewählt, die Zuhörer waren neuerlich begeistert. Nun aber kam der entscheidende Augenblick. Der Pater sagte sinngemäß: „Wenn euch das, was ich bisher aus der Lehre Christi vorgetragen habe, so gut gefällt, dann schwört den heidnischen Göttern ab und laßt euch taufen."

Verlegen blickten sich der Familienvater, die Mutter und die Kinder an. Es entstand eine peinliche Stille. Schließlich sagte unser Gastgeber etwas, und der Pater verabschiedete sich schnell.

Auf dem Heimweg sagte er mir, daß der alte Chinese und seine ganze Familie die Lehre Christi annehmen wollten, daß sie auch nichts gegen die Taufe einzuwenden hätten. Doch bestünde offenbar ein großes Mißverständnis darin, daß die gute Familie das Christentum zu den drei anderen Religionen hinzunehmen möchte, daß man damit hoffe, eine vierte Perspektive von der Wahrheit zu gewinnen. Und so gab es Enttäuschungen nach beiden Seiten hin.

Was war es nur, weshalb die Chinesen an ihren Religionen festhielten? Sollte doch mehr dahinterstecken als „Ba-Busa Chi" (Gehen, um den Buddha anzubeten)? Zuerst wollte ich bei den Jesuiten Erkundigungen einholen, man war aber schweigsam. Literatur stand mir keine zur Verfügung. Ich mußte wohl warten. Aber worauf denn? Dieses offenbar „grundlose Warten" sollte sich lohnen. Es geschah nämlich etwas ganz und gar Unerwartetes.

In der Nanking Road gab es einen (natürlich chinesischen) Altpapierwarenhändler. In seinem Geschäft stapelte er alte Zeitungen, ausgelesene Romane, Packpapier und dgl. Zuweilen kam auch ein Flüchtling zu ihm und verkaufte ihm einen Krimi. Die Preise wurden nach Gewicht verrechnet. Einmal betrat ich seinen Laden und sah mich um. Unter Bergen von Zeitschriften und abgelegten Geschäftsstücken lugten einige kleine blau gebundene Büchlein hervor. Ich kramte sie aus und hielt die Erstausgabe von Arthur Schopenhauers „Die Welt als Wille und Vorstellung" (1819) in Händen. Da auch ich nur den Kilopreis zu bezahlen hatte, konnte ich mir die wenigen Groschen vom Mund absparen. Noch ahnte ich nicht, daß da vor mir geistiges Plutonium lag, das eine ungeahnte Kettenreaktion hervorrufen sollte. Ein philosophischer Klassiker, von dem ich schon einmal gehört hatte; vielleicht kann ich damit etwas anfangen, dachte ich bei mir.

Zu meinem größten Erstaunen war hier der Buddhismus aufbereitet, soweit er zu Beginn des 19. Jahrhunderts eben bekannt war. Was ich da las, versetzte mich sogleich in Begeisterung. Eine Erlösungslehre aus eigener Kraft. Eine Religion, in deren Zentrum kein nebuloser Gottesbegriff stand und die dennoch die Gefahr eines geisttötenden Atheismus vermied. Eine agnostische Religion, die meiner damaligen geistigen Entwicklung voll und ganz entsprach. Ich war fest davon überzeugt, jetzt erst in den endgültigen Hafen der Erlösung einzulaufen. Nicht der Glaube, nein, allein die eigene Erfahrung zählte; Weisheit und Liebe waren die beiden Pole, um die sich alles drehte. Vor allem war es die Großzügigkeit gegenüber anderen Religionen, das Abstehen vom Missionieren mit manch grauenvollen Begleiterscheinungen (Mittelalter, doch auch später), die die Lehre des Buddhismus so liebenswert erscheinen läßt.

Entscheidend jedoch dafür, daß ich mich dem „dhamma" zuwandte, war die Lehre vom „samsâra", der ewigen Wiederkunft. Es gab Themen, über die der Buddha ein „Edles Stillschweigen" bewahrte. Über Gott, über einen ersten Anfang vernahm man niemals von ihm eine Aussage. Metaphysische Spekulationen wurden abgelehnt, nur das Hier und Jetzt galt. Das Endziel des gesamten religiösen Bemühens wurde als „nirvâna" bezeichnet. Es war das mystische Element, um das nun mein neues Denken und Fühlen zu kreisen begann. Ich überprüfte mich und fand heraus, daß ich eigentlich niemals damit fertig geworden war, daß das Leben eine einmalige Erscheinung sein sollte. Wenn es sich aber ständig wiederholte, waren für offenkundige Ungerechtigkeiten Erklärungen gegeben: Was man in einem oder mehreren vergangenen Leben aussät, das erntete man eben jetzt, und was man jetzt aussät, werde man zukünftig ernten. Ewige Wiederkunft mit ausgleichendem negativem wie positivem „karma" (Tat und deren Folgen): Das leuchtete mir ein.

Den Altpapierwarenhändler besuchte ich noch oft. Einmal sollte ich wieder einen Schatz nach Hause tragen: Helmuth von Glasenapps „Brahma und Buddha" (1926). Jetzt war ich endlich imstande, den Buddhismus von Grund auf kennenzulernen. Damals fertigte ich auch meine erste, noch sehr bescheidene Schrift unter dem Titel „Kleiner Aufsatz über den Buddhismus" an, die ich auf der Rückseite unserer Preisliste für Hemdenstoffe, Nov. 4th. 1941 aufschrieb. –

Noch eine weitere Religion sollte ich kennenlernen: den Jainismus. Hier war es vor allem die Lehre vom „ahimsa" (Gewaltlosigkeit), die mir insbesondere wegen ihrer Kompromißlosigkeit tiefen Respekt abnötigte. Ein Jaini würde niemals lebende Wesen schädigen. Er weigert sich, eine Waffe auch nur zu berühren, trägt eine Mundmaske, um nicht durch Unachtsamkeit ein kleines Insekt zu verschlucken, verwendet Wasserseiher aus ähnlichen Gründen . . .

Im Buddhismus war man nicht ganz so rigoros, selbst der Vegetarismus war nicht zum Dogma erhoben, die freie geistige Entwicklung hatte Vorrang. Das Töten allerdings war auch dem Buddhisten unter allen Umständen untersagt, es waren ihm z. B. Berufe verwehrt, bei denen man lebende Wesen schädigen muß, wie Fischer, Metzger u. dgl. Wenn aber ein Buddhist etwa einen herausgebackenen Leichenteil (wir nennen das in Wien ein saftiges „Hendlbügerl“) vorfindet und weiß, daß das Tierchen nicht für ihn getötet worden war, so ist es seiner Gewissensentscheidung überlassen, ob oder ob er nicht den Leichenteil verzehren wird. Gleiches trifft auf knusperige Enterln, Ganserln, Schweinderln und ähnliches zu, wobei man beachten kann, wie die Verzärtelungsformen (zumindest in Österreich) dazu angetan sind, uns das Grauen vor dem Totschlag oder Mord an dem Tierchen zu nehmen oder zumindest doch abzuschwächen.

Dann stürzte ich mich auf den Hinduismus und begann die Upanishaden zu verschlingen, soweit sie mir eben zugänglich waren. Auch hier begeisterte mich die grenzenlose Toleranz. Eines Tages begegnete ich einem jungen Hindu, der mir die ganz einfache religiöse Taktik erklärte, wieso es ihnen gelungen war, nahezu den gesamten indischen Subkontinent wieder der neuen, der buddhistischen Religion, zu entwinden und zu Brahma, Vishnu und Shiva zurückzuführen. Wieso dies ohne Blutvergießen gelang, erklärte mir – wenn auch sehr vereinfacht – der hinduistische Freund so: „Die Lehre des Buddha ist in allen Teilen richtig. Das einzige nur, was die Buddhisten vergaßen, ist, daß der Buddha die letzte Inkarnation des Gottes Kriśna darstellt! Buddhismus ist danach nichts anderes als eine der vielen Schulen und Sekten des Gesamthinduismus.“ –

Der Buddhismus seinerseits holte sich das verlorene Terrain in Südostasien, in Nordasien, vor allem aber im Fernen Osten zurück und verkündete seinerseits, daß der Buddha 84 000 verschiedene Wege zur Erleuchtung und Erlösung gelehrt habe, für jeden Menschen die seiner Mentalität, seinem Auffassungsvermögen, seiner spirituellen Entwicklung gemäße. Hinduismus und Buddhismus sind, jeder für sich, ein gewaltiger geistiger Kosmos, der sich gegenseitig einschließt, ausschließt und wieder einschließt. Aus der Sicht des fernöstlichen Buddhismus erscheinen alle Lehren an sich zwar als leer, dennoch sind sie überaus wichtige Hilfsmittel. So ist es mit Kriśna und den anderen Göttern.

Die Gedanken stürzten nur so auf mich ein, kaum hatte ich Zeit, sie schriftlich festzuhalten. Damals legte ich zwei Heftchen an: das eine sollte objektiv die „Geschichte meiner geistigen Entwicklung", das andere subjektiv „Gedankensplitter" mit dem Untertitel „Altes – Neues – Ewiges" enthalten. Das geistige Tagebuch zerfiel in zwei Abschnitte: 1. „Die Zeit vor der geistigen Revolution" und 2. „Die geistige Revolution (Schopenhauer!) und deren Folgen". –

Die Eltern waren mit größerem Gepäck nachgekommen und brachten mir zu meiner großen Freude Teile meiner Bibliothek mit. Durch Tausch mit Emigranten, die ebenfalls in den glücklichen Besitz von Büchern gelangt waren, erweiterte ich meinen geistigen Horizont. Spinoza und Kant wurden meine Lieblinge und daß ich mich für eine Zeitspanne in einen Pantheisten verwandelte, wird niemanden Wunder nehmen. –

Aus dieser Zeit gäbe es auch genügend Trauriges zu berichten. Diesbezüglich will ich mir größte Beschränkungen auferlegen, um das Anliegen dieses Buches nicht durch schmerzliche Erinnerungen unnötig zu belasten. Eine einzige Bemerkung sei gestattet. – Meine christlichen Verwandten blieben von der Nazi-Verfolgung ungeschoren. Nach unserer Heimkehr traf ich den Großteil von ihnen sogar noch an. Das Geschick meines Onkels Simon war hingegen tragisch. Auch er war mit einer „Arierin" verheiratet. Allen Aufforderungen der Familie, doch ebenfalls die Flucht zu ergreifen, blieb er verschlossen.

„Ich war immer ein rechtschaffener Mensch, habe niemandem ein Leid zugefügt, warum soll ich flüchten?" sprach er.

Einige Zeit hindurch konnte ihn denn auch seine Gattin schützen, dann jedoch wurde er in ein KZ verschleppt, wo er umkam.

Die Schwester meines Vaters und deren Tante, eine alte Frau, die in den USA bei einem Unfall beide Beine verloren hatte und aus Heimweh nach Wien zurückgekehrt war (welch doppelte Tragik!), wollten beide unbedingt nach dem „Anschluß" auswandern. Sie zögerten zu lange. Schließlich war es zu spät. Ihr Abtransport in ein KZ stand bevor. Da gingen die beiden in den Freitod ...

Wenden wir uns nun wieder meinem spirituellen Leben in Shanghai zu.

Ich ging von einem Tempel zum anderen in der Fehlannahme, im überaus großen Formenreichtum des chinesischen Buddhismus jene ältesten Schichten aufzufinden, die ich durch Schopenhauers und Glasenapps Werk erfuhr. Ich wurde wieder enttäuscht, denn was ich vorfand, war ein verwirrendes Gemisch von Ahnenkult, abstoßendem Aberglauben und einer Fülle von Heiligenfiguren, mit denen ich so gut wie nichts beginnen konnte. Es sollte viele Jahre dauern, bis sich langsam die Schleier zu heben begannen und ich die *geistige Wunderwelt des chinesischen Buddhismus* zu begreifen begann. Doch da war ich längst wieder in der Heimat.

Daß ich in Shanghai mit meinen Untersuchungen nicht weiterkam, hatte allerdings einen äußeren schwergewichtigen Grund. Wir standen mitten im Krieg. Die Achse Berlin–Rom wurde zu einem Dreieck: Berlin–Rom–Tokio ausgeweitet. Diese Entwicklung hatte für uns Flüchtlinge böse Folgen. Eines Tages (nach meinen Aufzeichnungen war es der 21. 4. 1943) wurden wir von den Japanern, die bereits als Besatzungsmacht fungierten, in eine sogenannte „Designated Area" (praktisch ein KZ) gebracht, die im Stadtteil Honkew lag. Nur in besonderen Ausnahmsfällen erhielten wir einen kurzfristigen Ausgang, ansonsten hatten wir das Leben ausschließlich in Honkew zu verbringen.

Meine Familie erhielt einmal eine solche Ausnahmserlaubnis, als wir meinen toten Vater in einen westlichen Stadtteil Shanghais überführten, um ihm dort ein jüdisches Begräbnis zu bereiten.

Nach Beendigung des Krieges kehrten meine Mutter, meine Frau und ich nach Wien zurück. Der umgebaute amerikanische Truppentransporter „Marine Falcon" hatte uns bis Neapel gebracht. Ich erinnere mich: Im Hafen von Shanghai stand meine Frau an der Reling unseres Schiffes, weinte, und mit einem letzten Blick auf das Land, das uns aufgenommen und unser Leben gerettet hatte, sagte sie: „Jetzt, jetzt erst haben wir unsere wahre Heimat verloren!" Und es ging wieder einmal ins völlig Unbekannte. Wie sollten wir unser weiteres Leben gestalten? Was erwartete uns?

V. Kapitel
Ein neuer Anfang

Finanziell wie spirituell standen wir an einem neuen Beginn. – Die Menschen um uns herum sahen uns böse an; doch das war ja gar nicht wahr! Die oftmals herabgezogenen Mundwinkel waren wir eben nicht mehr gewöhnt. Wo blieb nur das Lächeln, das uns von früh bis spät stets umgeben und erfreut hatte? Über acht Jahre – den entscheidendsten Zeitabschnitt meiner spirituellen Entwicklung – hatten wir in China verbracht. Nun galt es, sich wieder in der abendländischen Mentalität zurechtzufinden. – Man mußte von etwas leben. Da die Lebensmittel rationiert waren, konnte ich es wagen, das väterliche Geschäft ohne Vorkenntnisse aufzubauen: Die Waren wurden mir amtlich zugeteilt, Ein- wie Verkaufspreise waren fixiert, und die zu beliefernden Kunden wurden mir ebenfalls amtlich zugewiesen. Meine Frau half mir in aufopfernder Weise, und als nach einiger Zeit die Rationierung aufgehoben war, hatten wir uns eingearbeitet. (Sollte der Besuch der Handelsakademie doch nicht ganz vergebens gewesen sein?)

Nachts setzte ich meine religionsphilosophischen Studien fort. Hier war mein wahres Zuhause! Ich forschte und suchte und forschte. Mein Wissensdurst war unersättlich. Der Buddhismus in seiner ältesten Form, dem Theravâda, war meine Religion geworden und blieb es viele Jahre hindurch. Die rational-nüchterne Struktur des sog. Pâli-Buddhismus spielte ich mit Wonne gegen den Primat des Glaubens bei den monotheistischen Religionen aus, und an Polemik hatte ich – damals! – meine Freude.

Die Bücher wollten mir nicht genügen, und ich suchte nach lebendigen Lehrern. Ein alter Arzt, Dr. Kropatsch, der selbst noch unter dem Nestor deutscher Buddhisten,

Dr. Paul Dahlke, gearbeitet hatte, nahm mich unter seine Fittiche. Er ließ ausschließlich die ältesten Schichten des Pâli-Kanons gelten, verwarf die anderen Schulen des Śravakayâna (diskriminierend auch „Hînayâna“, das kleine, mindere Fahrzeug zum Heil genannt), um wieviel mehr die späteren Entwicklungen des „Mahâyâna“ (Großes Fahrzeug) und erst gar des „Vajrayâna“ (Diamantfahrzeug). Die beiden letzten gewaltigen Religionssysteme wischte er mit einer geringschätzigen Handbewegung und einem damals noch in unliebsamer Erinnerung befindlichen Wort „Entartet!“ vom Tisch. Während ich eigentlich in unserem Geschäft stehen sollte, übernahm meine gute Frau alle Arbeit, während ich stundenlang bei Dr. Kropatsch den „sutta pitaka“ (Sammlung der Lehrpredigten) studierte. Nun war es Zeit, sich in die Tiefen des „abhidhamma pitaka“ (Sammlung der Höheren philosophischen Lehren) einzuarbeiten. Alles, was zu jener Zeit in deutscher oder englischer Sprache greifbar war, trug ich zusammen oder studierte ich in der Österreichischen Nationalbibliothek, die mir auch mit ihrer Fernleihe sehr entgegenkam.

So schlitterte ich unversehens wieder einmal in die *Scholastik* einer Religion hinein und fühlte langsam ein gewisses Unbefriedigtsein in mir aufsteigen. Durch historische Studien im Buddhismus angeregt, entdeckte ich, daß es anderen Menschen in der Vergangenheit sehr ähnlich ergangen war. Denn das Sammeln von Wissen und das Erlebnis der Weisheit sind zwei grundverschiedene Dinge. Nach meinem heutigen Verständnis steht „Wissen“ der „Weisheit“ in gleicher Weise im Wege wie die Scholastik der Mystik. Doch darüber später.

Die Logistik des „abhidhamma“ bewunderte ich zwar, doch schlich sich ganz langsam, kaum merklich, ein negatives Gefühl ein, das in „Sterilität“ seinen Ursprung hatte. – Inzwischen fand ich den Weg zur Buddhistischen Gesellschaft Wiens und wurde 1955 zum Präsidenten gewählt, ein Amt, das ich erst im Jahre 1976 zur Verfügung stellte. In der Gesellschaft, wie auch an Volkshochschulen hielt ich Vorträge über die Edle Lehre des Buddha. Für unsere Freunde veranstaltete ich an Vollmondabenden „pûja" (Feierstunden). Besonders festlich ging es dann im Mai zu, wo die Vollmondnacht der Erinnerung an die Geburt, an die Erleuchtung und an das „parinirvâna" (das völlige Erlöschen) des Erhabenen gewidmet war. –

Meine eigene geistige Entwicklung blieb jedoch bei Theravâda nicht stehen.[4] Während ich die Lehren von der Allvergänglichkeit, von der Leidhaftigkeit und vieles andere in ähnlicher Gestalt auch in anderen Religionen oder philosophischen Systemen antraf, gibt es eine Lehre, die man als innersten Kerm des „dhamma" bezeichnen könnte und die nirgendwo sonst zu entdecken ist. Sie heißt schlicht „anattâ" (Nicht-Ich, Nicht-Selbst), und ihr rechtes Verstehen bringt erhebliche Schwierigkeiten mit sich. Es gibt danach keinen Seelenkern, kein Wesen an sich, nichts, das Dauerhaftigkeit besäße. Und dennoch gibt es eine Wiedergeburt. Einfach (und primitiv) ausgedrückt: Eine Seelenwanderung findet statt, ohne daß es eine Seele gibt. Dieser Grundsatz ist so bedeutsam, daß man den Buddha einen „anattâ-vâdî" (einen Verkünder des Nicht-Ich) bezeichnete. Es heißt, daß der Wiedergeborene mit dem Verstorbenen weder identisch noch auch von ihm getrennt sei. Er ist weder derselbe noch ein anderer.[5] Für den Abendländer ist das Verständnis einer solchen Lehre besonders schwierig, da er in ein Entweder-Oder-Denken von Kindheit an eingepreßt ist, das, nach dem „dhamma", der Wirklichkeit widerspricht.

Die Lehre von „anattâ" beunruhigte mich zu Beginn nicht wenig. Ich sollte den überaus liebgewordenen Begriff einer dauerhaften, unwandelbaren, unzerstörbaren Seele aufgeben? Etwa auch „ich bin selig", „seelenvoll" und alle Worte und Begriffe, die mit Seele zusammenhängen und die mir, seit ich denken kann, so lieb und vertraut geworden waren? Was ich eben zu lernen hatte, war, daß die buddhistische Weltsicht durch und durch dynamisch ist und daß nirgendwo irgendeine Statik zu erblicken ist. – Anstelle von Gebeten gibt es Meditationen und als Ergebnis wird „vipassanâ" (Hellblicksweisheit) angepeilt und damit „anattâ" *erlebt.* Dabei kamen mir die ersten Zweifel. Hatten nicht auch christliche Mystiker – zu denen ich eben die ersten Kontakte gefunden hatte – davon berichtet, daß sie in tiefer Versenkung zu ihrem Seelengrund vorgestoßen seien? Erlebnis gegen Erlebnis? Täuschung gegen Täuschung? Ich schob eine mögliche Lösung des Problems für spätere Zeiten auf.

Wie war es denn mit den anderen alten Schulen des Śravakayâna, hatten die etwa unterschiedliche Lösungsmöglichkeiten des Ich-Problems anzubieten? Dr. Kropatsch, als leidenschaftlicher (damit machte er sich mir allerdings verdächtig) Theravâdim, warnte mich vor jeder Abweichung – und wir trennten uns. –

In Fortsetzung meiner Studien landete ich – kurzfristig – bei den Puggalavâdin (den Verkündern der Persönlichkeit). Während es im Theravâda hieß, daß „puggala" nur ein relativer, konventioneller Ausdruck sei für etwas, das es gar nicht gäbe, hieß es bei den Puggalavâdin, daß dieses „puggala" nur in der Erscheinungswelt nicht anzutreffen sei, daß es aber in der letzten Wirklichkeit sehr wohl ein solches gäbe, sonst wäre eine Wiedergeburt undenkbar. In Deutschland galten P. Dahlke und G. Grimm als die beiden Exponenten der zwei „orthodoxen" Schulen. Sowohl aus Berlin als auch aus Utting am Ammersee schaffte ich mir alles nur erdenkliche Material herbei. Aber irgendwie war ich nicht glücklich; die ständige Polemik der Schüler der beiden längst verstorbenen Pioniere des deutschen Buddhismus enervierte mich. Anattâ oder attâ (Nicht-Ich oder Ich), „das war hier die Frage", und es dauerte Jahrzehnte, bis ich dahinterkam, daß selbst die wichtigste aller Buddha-Lehren, die von anattâ, nichts anderes als ein

„upâya“, ein Hilfsmittel war. Denn von höherer Warte aus ist sowohl eine Behauptung wie eine Gegenbehauptung unhaltbar.

Der Synagoge und der Kirche bin ich einige Jahre hindurch ferngeblieben und war im Rationalismus des Buddhismus aufgegangen. Gewiß, die Meditation hatte ich sträflich vernachlässigt, aber ich hatte ja keinen Lehrer. Das war damals nicht so, wie es heute ist, wo man nach den verschiedenen Methoden Unterweisungen erhält. Sicherlich bemühte ich mich darum, „mettâ“ (Herzensgüte) zu entfalten, „karunâ“ (Erbarmen, Mitleid) jedem lebenden Wesen entgegenzubringen, „muditâ“ (Mitfreude) allen solchen zuzustrahlen, deren karma gerade glücklich war und „upekkhâ“ (erhabener Gleichmut) dem eigenen Geschick gegenüber zu bewahren. Dennoch kam das Gefühlsleben zu kurz. Ich vermißte – um nur einige zu nennen – die Hohe Messe und die Matthäus-Passion von Bach, die Messen Schuberts, das Requiem von Mozart und das Deutsche Requiem von Brahms. Natürlich genoß ich nach wie vor diese Meisterwerke in Konzerten und im Rundfunk, doch als „religiöse Erlebnisse“ wollten sie sich nicht mehr erschließen lassen. Hier hatte sich eine Kluft aufgetan. Ich vermißte vieles, und die Befriedigung durch die Ratio war kein vollwertiger Ersatz.

Ich fragte mich, ob das nun alles wäre, was mir der Buddhismus zu geben hätte. Ist Mahâyâna wirklich nichts anderes als „entartet“? Ich begann, die Werke von E. Frauwallner, H. v. Glasenapp, G. Mensching, E. Conze, A. Watt und v. a. zu verschlingen und kam aus dem Staunen nicht heraus. Vor allem hatte es mir die Madhyamaka Schule mit ihrem geistvollsten Interpreten Nâgâjuna (um 200 n. Ch.) angetan. (Meine Frau meinte einmal, daß ich bei meiner nächsten Wiedergeburt, ehe ich die Worte Mama, Papa hervorbrächte, den Namen Nâgâjuna herausschmettern würde.) Hier wurden für meine weitere geistige Entwicklung die entscheidenden Weichen gestellt. Auch die idealistischen Strömungen der Schule Yogâcâra unter Asanga und Vasubandhu (beide 4. Jahrhundert n. Ch.) erweckten mein Interesse (was für ein mattes Wort!). Mit dem Mahâyâna endete zwar die Entwicklung des Buddhismus in Indien, im Fernen Osten jedoch entfaltete sich die Lehre, einem herrlichen Lotos gleich, zur letzten Blüte. Da war ich kürzlich aus dem Reich der Mitte mit reichem spirituellem Gepäck zurückgekommen. Wohl verstanden: Meine wissenschaftliche Ausbeute war mehr als dürftig. Über Strukturen des chinesischen Buddhismus wußte ich so gut wie überhaupt nichts. Aber ich hatte zwischen meinem 19. und 27. Lebensjahr chinesische Mentalität, Denken und Fühlen in mich aufgesogen, die durch religiöse Werte bestimmt waren, die ich zwar nicht wägen, nicht messen konnte, die aber vorhanden waren. Und sollte es einen Bazillus asiaticus geben, so war ich von ihm befallen worden, und mein weiteres Leben lang sollte er mich begleiten.

Als Autodidakt studierte ich nicht nur den chinesischen Buddhismus in seiner vielfachen Gewandung, sondern auch den Taoismus, vorerst in einer populären, aber ausgezeichneten Darstellung durch Lin Yutang. Meine Begeisterung kannte (wieder einmal!) keine Grenzen! Mit der praktischen Meditation ging es aber nur langsam voran. Nun nahm ich mir den vielschichtigen Hinduismus wieder einmal vor und fand einen geradezu unfaßbaren geistigen Mikrokosmos vor. Dabei war es vor allem die Lehre von „advaita", der Nicht-Zweiheit, die mich in tiefes Erstaunen versetzte, dennoch mich nicht gänzlich unvorbereitet traf, denn Nagârjuna und Âryadeva lehrten Ähnliches. Auch dem Mahâtma („Große Seele") Gandhi begegnete ich, wenn auch nur geistig. Und ich lernte viel von ihm. Ein einziger seiner Aussprüche soll zitiert werden, und dieser traf genau meinen Lebensnerv: „Die Fenster und Türen meines Hauses sollen weit offenstehen. Ich möchte, daß die Kulturen aller Länder frei in mein Haus strömen.

Aber ich weigere mich, mich allein einer einzigen Kultur zu überlassen." – Das waren doch meine eigenen Worte, nur hätte ich sie nicht so schön formulieren können!

In Wien hatte sich ein Lehrer für Hathâ-Yoga etabliert, und wenn seine Methoden auch primär hinduistisch waren, wer wird da so kleinlich sein? Meine Frau und ich übten einige Jahre hindurch nicht nur die „asanâ" (Körperhaltungen), die „pranayâna" (Atemgymnastik), sondern vor allem lernten wir Meditationstechniken kennen. Aus der buddhistischen Literatur wußte ich, daß „ânâpâna-sati" – „Die Achtsamkeit auf Ein- und Ausatmung" – als die Königsübung bezeichnet wird, die einen die verschiedenen Versenkungsstufen hinabführt. So bald wie möglich wollte ich mir im südostasiatischen Raum praktische Kenntnisse der vielschichtigen „satipatthâna"-Methoden verschaffen und dabei lernen, wie man ständig Achtsamkeit gegenüber dem Körper, dem Gefühl, dem Geist und den Geistobjekten oder Denkinhalten zu üben habe.

Das Jubeljahr 2500 nach buddhistischer Zeitrechnung entsprach unserem Jahr 1956. Dieser Zeitpunkt schien uns besonders günstig, und wir machten uns auf den Weg nach Sri Lanka (damals noch Ceylon). – Knapp vor seinem Tode begegneten wir noch dem deutschen Bhikkhu-Pionier Nyanatiloka Mahâthera. Sein Gesundheitszustand war allerdings bereits so schlecht, daß es zu keinem Gedankenaustausch mehr kam. Zu wundervollen dhamma-Gesprächen kam es jedoch mit seinem kongenialen Nachfolger Nyanaponika Mahâthera in dessen „Waldeinsiedelei" in der Nähe von Kandy. – Reisen führten uns nach dem Süden, und in der Inseleinsiedelei Polgasduwa konnten wir mit Mönchen der verschiedensten Nationalitäten vorwiegend Gespräche über das „vinaya-pitaka" (Sammlung der Ordensdisziplin) führen. Hier war es vor allem die einzigartige Stille, die unvergleichliche Atmosphäre, die uns tief beeindruckte. Erfahrungen hinsichtlich Meditation konnten wir jedoch kaum gewinnen. Besichtigungen von Kandy, Sigiriya, Polonnaruwa, Anuradhapura und anderer berühmter Orte waren zwar „interessant", doch hinterließen sie keine tieferen Erlebnisse. –

Die nächste Station unserer Reise war Bangkok. Im Wat Sampya, dem „Bhikkhu-Training-Institute", fanden wir liebe Aufnahme, und der Abt Phra Deveti gab uns wertvolle praktische Anweisungen. Sicherlich gab es auch hier ein reiches Besichtigungsprogramm, das ich aber überspringe, dafür will ich von einer Begegnung mit einem jungen Thailänder berichten, die wesentlich ergebnisreicher war. Ich vernahm damals, daß man in Thailand „bhikkhu auf Zeit" werden konnte. Nicht nur konnte, sondern sollte. So wird jeder männliche Bewohner des Landes wenigstens einmal in seinem Leben Mönch, manchmal sogar öfter. Jeder, auch der König! Ich befragte meinen neuen Freund nach den Beweggründen, nach dem Warum? Wozu? Wie lange? Er erzählte aus seinem Leben. Er besaß ein Tuchgeschäft. Es ging recht gut. Eines Tages eröffnete jedoch ein anderer Händler ein ähnliches Geschäft und das unmittelbar neben seinem. Ob der andere nun tüchtiger war oder was es sonst an Umständen gab, kurz: jener nahm ihm die Kundschaft fort, und mit meines Freundes Geschäft ging es bergab. Die natürliche Reaktion war, daß er gegen den anderen Groll, Neid und Mißgunst zu empfinden begann. Da erinnerte er sich an seine Grundschulausbildung, die er, wie üblich, in einem Kloster erhalten hatte. So könne es nicht weitergehen, sagte er sich, „ich werde von üblen Gefühlen ganz vergiftet, mein karma wird auf das schlimmste geformt. Ich muß dringend etwas unternehmen, damit ich den Pfad der Tugend, den Weg zum nibbâna (= nirvâna) nicht aus dem Auge verliere." Er trat vor seine Frau hin, faltete die Hände (dies bedeutet nicht, daß er sie anbetet, sondern deutet auf einen feierlichen Entschluß hin) und sagte ihr, daß es sein Wunsch wäre, bhikkhu zu werden. Sie war begeistert (nicht weil sie ihn eine Zeitlang los wurde, sondern weil es ihr nur um das religiöse Heil ihres Gatten ging) und erteilte ihm die Erlaubnis. Daraufhin wandte er sich seinen Freunden zu – eine reine Formsache –, bat auch sie um Erlaubnis und ersuchte seinen besten Freund, in seiner Abwesenheit die Geschäfte zu besorgen und darauf zu achten, daß es seiner Familie an nichts fehle. Er bezahlte Steuern und sonstige Schulden und ging mit freiem Kopf ins Kloster. Er nahm zuerst die weiße Robe eines samanera (Novizen) und wurde später voll zum bhikkhu ordiniert. Die einzigen Dinge, die er behalten durfte, waren seine nun gelben Ober- und Untergewänder, Nadel und Zwirn, Bettelschale und eine Rolle Klo-Papier. – Nachdem er im Kloster ausführliche Belehrungen erhalten hatte, schickte ihn der Abt in den Dschungel, in ein kleines Häuschen, das nun seine Meditationsklause war.

„Und worüber meditiertest du damals?" fragte ich meinen Freund.

Seine Antwort war verblüffend, doch logisch: „Ich meditierte über meinen tüchtigeren oder glücklicheren Geschäftskollegen und beobachtete, wie von Woche zu Woche, von Monat zu Monat meine negativen Gedanken und Gefühle mich verließen."

„Und wie ging es dann weiter?"

„Als ich eines Tages ohne jeglichen Groll an ihn denken konnte, verließ ich meine Einsiedelei, kehrte ins Kloster zurück, legte meine gelbe Robe ab und ging nach Hause. Ich bedankte mich bei meinem Freund, daß er mich gewissenhaft vertreten hatte (es konnte ja gut sein, daß ich bald seine Stelle einzunehmen hatte, dann nämlich, wenn *er* aus persönlichen Gründen ins Kloster ging), stellte mich ins Geschäft und hörte, daß der Konkurrent von nebenan inzwischen weitere Filialen errichtet hatte und – freute mich von Herzen, daß es ihm so gut gehe."

– Eine andere geistige Welt, dachte ich; und doch, wäre eine solche Geisteshaltung nicht aus christlicher Sicht ebenfalls zu begrüßen?

Nach Wien zurückgekehrt, spitzten sich die Dinge zu. Die religionsphilosophischen Studien und das praktische religiöse Leben vertrugen sich immer weniger mit den Obliegenheiten als Kaufmann, und zu Ende 1960 überraschte und erschreckte ich meine gute Frau, die sich mit unserem Beruf wunderbar zurechtgefunden hatte, mit der Anfrage, was sie wohl dazu sagte, wenn wir von heute auf morgen uns von allen weltlichen Verpflichtungen zurückzögen. Sie schluckte einmal, lächelte und sagte: „Wenn es dich glücklich macht, so bin ich bereit.“ Ich fand rasch einen Nachfolger für das Geschäft, und unmittelbar nach der Liquidierung aller weltlichen Dinge schifften wir uns nach Japan ein.

VI. Kapitel
Das geistige Japan

Daß meine Wahl gerade auf Japan fiel, um nicht nur weitere religionsphilosophische Studien zu betreiben, sondern – und das vor allem – mich in der praktischen Meditation ausbilden zu lassen, hatte verschiedene Gründe. Ich erwähnte bereits meine neu aufkeimende Liebe zum Taoismus. Im chinesischen Buddhismus fand ich als einen weiteren Höhepunkt eine Verschmelzung taoistischer Naturmystik mit letzten Aussagen des indischen Mahâyâna. Und diese Schule bezeichnete sich als „Ch'an“, aus der sich viel später das japanische „Zen“ entwickeln sollte. Während Ch'an in China bereits recht müde geworden war, blühte es in Japan ungebrochen (wobei man eben nicht vergessen darf, daß der japanische Zweig rund ein halbes Jahrtausend jünger ist!). Aber nicht nur Zen, sondern viele anderen buddhistischen Schulen ließen noch immer eine klare Struktur erkennen.

Ich trat in die Ryukoku-Universität in Kyoto ein und wurde Schüler des Prof. Fujimoto, der mich allerdings – den Grundzügen des Institutes folgend – vor allem in die Lehren Shinran Shônins, Begründer der überaus mächtigen und populären Jôdo Shin-Schule, einführte. Ich war nicht wenig erstaunt, einen buddhistischen Pietismus vorzufinden, der mit den ursprünglichen Lehren des Erhabenen kaum mehr etwas zu tun hatte. Man gab die Hoffnung, Erlösung aus eigener Kraft zu gewinnen, überhaupt auf und wandte sich in gläubigem Vertrauen an Amida Butsu (Buddha Amitâbha), der im „Paradies des Westens“ seinen Sitz hat und in Vorzeiten das Gelöbnis leistete, er wolle alle jene, die gläubig seinen Namen rezitieren, in diesem „Reinen Land“ willkommen heißen. Hier werde allen denjenigen, die noch für den „dharma“ blind und taub seien, der Weg zur Erleuchtung und zum Heil gewiesen. Shinran hatte einen bedeutenden Vorgänger, Hônen, und dieser hatte schon die Schule Jôdo gegründet. Informationen besorgte ich mir im Haupttempel Chionin. Religionsgeschichtlich war diese Abweichung vom Urbuddhismus zwar bemerkenswert, für meine eigene geistige Weiterentwicklung jedoch kaum von Belang.

Im Norden Kyotos gibt es einen hl. Berg, den man Hieisan nennt. Seit eh und je gilt er als Zentrum buddhistischer Gelehrsamkeit, und hier wurde der wichtige Zweig Tendai Shû errichtet, eine Schule, die an sich wieder als Sammelbecken aller unterschiedlichen religiösen Strömungen, aber auch als Ausgangspunkt für spätere Schulen der sog. Kamakura-Periode diente. – Täglich fuhren wir auf den Berg hinauf und erhielten Belehrungen vom Mönch Watanabe Eko. Tendai würde ich als einen enzyklopädischen Buddhismus bezeichnen, und alle Richtungen, alle Strömungen, die jemals in der Geschichte des indischen und chinesischen Buddhismus wirksam geworden waren, waren hier getreulich gesammelt worden. Die Scholastik begann unheimlich zu wuchern, und die Literatur wurde schließlich unübersichtlich.

Meine Leser sollen von all der Überfülle des vorhandenen Materials nicht überbeansprucht werden, aber von einem einzigen Gleichnis will ich berichten, das auch noch heute seine Wirkung nicht verloren hat. Es ist das Spiegelgleichnis. Der Kernsatz aller mahâyanistischen Philosophie lautet, daß „rûpa“ (hier als Objekt im weitesten Sinne zu verstehen) mit „śûnyatâ“ (Leerheit) synonym ist. Diese Erkenntnis bildet das Endglied buddhistischen Erleuchtungsdenkens und ist dem auf dem Wege nur mäßig Fortgeschrittenen, wenn überhaupt, so am ehesten durch Parabeln begreifbar zu machen. Unter diesen ist das Gleichnis vom Spiegel am einleuchtendsten. Wer die dharma (Objekte) nur in ihrem Entstehen und Vergehen betrachtet, sieht bloß eine Seite der Wirklichkeit. Es ist, als ob man in einen Spiegel blickte und die widergespiegelten Bilder für existentielle Wesenheiten hielte. Wer die „dharma“ hingegen nur als „śûnyatâ“ ansieht, betrachtet damit ebenfalls bloß *eine* Seite der Wirklichkeit. Man erkenne die Dinge mit weisheitsgeklärtem Blick. „Śûnyatâ“, das ist die eine, „prajñapti“ (die dynamische, die polare Weltsicht), das ist die andere Seite. „Madhyamâ“, DIE MITTE, das ist die Wirklichkeit. Die Spiegelbilder sind leere, wie gleichzeitig veränderliche Erscheinungen, sie sind und sind nicht, beides gleichzeitig und keines von beiden. *Was* aber *jenseits der vierfachen Aussagemöglichkeit liegt,* das nennt man die Wahrheit, die vom Erhabenen verkündete Wirklichkeit, dies ist der MITTLERE WEG, der „madhyâ marga“!

In der Nähe von Osaka gibt es ebenfalls einen hl. Berg, den man Koyasan nennt. Hier befindet sich das Hauptquartier der Shingon-(„Wahres Wort“, auch mantra)Schule. Gegenüber Tendai, die auch als „vermischte Esoterik“ bezeichnet wird, ist Shingon „reine Esoterik“ und entspricht dem östlichen Zweig des Vajrayâna (Diamantfahrzeug). –

Wir zogen in einen winzigen Zweigtempel ein, dem Rengejô-In, in dem der Priester und seine Frau (hier gab es kein Zölibat) zuweilen Pilger aufnahmen und sich damit ein bescheidenes Zusatzeinkommen schufen. Belehrungen bekamen wir nur sehr spärlich, denn die Geheimnisse der Schule mit ihren „mandalas“ (graphische Darstellungen der Erleuchtungskräfte), den „mantras“ (symbolträchtige Laute zur Öffnung des Erleuchtungsbewußtseins), den „mudrâs“ (geheime Sprache der Hände, der Finger) blieben nur den Eingeweihten vorbehalten, den „Familienmitgliedern“. Alle anderen durften bloß an die äußeren Schichten der Shingon-Lehren herangebracht werden. Auf dem Koyasan liegt der bedeutendste und prachtvollste aller fernöstlichen Friedhöfe, und das Studium der esoterischen Grabsteine in ihrer großen Vielfalt bietet unerschöpfliche Möglichkeiten, sich der Esoterik des Shingon wenigstens etwas zu nähern. – Ein kleines, aber aus erlesensten Objekten bestehendes Museum verlockt einen zu mehrfachen Besuchen.

Wir standen täglich etwa um 4 Uhr früh auf und machten uns mit unserem Priester auf den weiten Weg zum Zentraltempel. Hier durften wir der „Goma“ (Feuerzeremonie) beiwohnen. Immer wieder konnten wir bei den verschiedenen buddhistischen Schulen beobachten, wie man die unterschiedlichsten Schichten im Bewußtsein des Menschen ansprach. So auch jetzt. Beschriftete Holzstäbchen, aber auch Getreide wurden nach einem geheimnisvollen Ritus entzündet. Als „Gegoma“ (äußerliche Feuerzeremonie) war es eine Opferung an verschiedene übersinnliche Figuren, um Übel zu beseitigen und Verdienste zu schaffen. Um sich jedoch der Erleuchtung zu nähern, wandte man die „Naigoma“ (innerliche Feuerzeremonie) an. Nun diente das Abbrennen der Holzstäbchen der Zerstörung böser Leidenschaften und üblen Karmas durch alles überwindende Weisheit.

Weiter ging es nach Nara, um wenigstens einen Überblick über die ältesten Formen im japanischen Buddhismus zu bekommen. Was wir hier vorfanden, waren nur mehr Reste vom ältesten Erleuchtungsdenken, die eher an den Universitäten als in jenen Tempeln weitergereicht wurden, die ursprünglich als geistige Zentren der Schulen gegründet worden waren. Ich will versuchen, eine ganz kurze, flüchtige Beschreibung davon zu geben.

Die älteste Schule ist vielleicht die „Kusha shû“ (eine Verkürzung und Verballhornung des Sanskrit-Begriffes „Abhidharma-kośa“), die man noch dem Hînayâna (von allen Japanern im diskriminierenden Sinn nicht nur als kleines, sondern auch als minderes Fahrzeug zum Heil verwendet) zuzuzählen hat. In dieser Schule beschäftigte man sich so gut wie ausschließlich mit philosophischen Erörterungen. Ein Japaner sagte mir einmal, daß man sich seinerzeit in dieser Schule bemühte, „mittels Denkens das

Denken zu zerdenken". – Als religiöse Form ist „Kusha" längst verschwunden, doch werden ihre Lehren in den Priesterschulen aller buddhistischer Richtungen hoch geschätzt und weitergereicht. – Ähnlich verhält es sich mit „Jôjitsu-shû", eine ebenfalls dem Hînayâna zuzuzählende Richtung, die das Hauptaugenmerk auf die Erforschung des sog. „Ich" legt. –

Ganz anders ist das Anliegen der Ritsû shû (Vinaya oder Ordensdisziplin-Schule). Hier wird gelehrt, daß das Wichtigste für jeden Buddhisten die Befolgung der ethischen Verhaltensregeln sei. In einem einzigen Satz komprimiert, könnte man sagen: „Das Tun des Guten, das Meiden des Bösen und sein Herz stets rein zu halten – dies ist die Lehre des Buddha". –

An vierter Stelle müssen wir die Hossô Shû (Dharmalaksana Schule) erwähnen. Sie lehrt uns eine idealistische Weltsicht. Hossô konzentriert sich auf eine Bewußtseinsanalyse, die darin gipfelt, daß als letzte Realität das „âlaya-vijñâna" (Speicherbewußtsein) erkannt wird und daß die äußerliche Welt nichts anderes darstellt als eine Manifestation der acht verschiedenen Bewußtseinsgruppen. Als absolute Wesenheit wird „Shinnyo" (wahrhaftiges Sosein) bezeichnet, das allein unwandelbar ist und das man in der Meditation erfahren will. Die Hossô Shû wie auch die an nächster Stelle zu erwähnende Sanron Shû (Drei Śastra Schule) werden gewöhnlich als quasi-Mahâyâna bezeichnet, Übergangsformen zum eigentlichen und vollen Mahâyâna. Die Schule bezieht ihren Namen aus drei Grundbüchern des Nâgârjuna und seines Schülers Âryadeva. Acht negative Formen der Meditation gelten hier als ausreichende Methoden, um die Illusion einer realistischen Weltsicht zu zerstören. –

Die letzte der erwähnenswerten Nara Schulen wird bereits dem vollen Mahâyâna zugezählt; es ist die „Kegon-Shû", die ausschließlich auf dem „Kegon-Kyô" (Avatamsaka sûtra) beruht. Diese Lehrpredigt ist die schwierigste von allen und wurde vom Buddha nach einer alten Tradition unmittelbar nach seiner Erleuchtung verkündet. Doch seine Jünger waren für diese aus allerhöchster Sicht gepredigte Lehre taub, so daß er sich entschloß, den „dharma" in einfachere Worte zu kleiden und die Wahrheit vorerst in einem relativ gültigen, konventionellen Gewand weiterzureichen. Im Avatamsaka sûtra finden wir die abgründigste Identitätsphilosophie vor, das gegenseitige Durchdringen jedes „dharmas" (Objekt) mit jedem dharma. Um Avatamsaka zu verstehen, muß man auf dem Wege der Erleuchtung schon sehr weit vorangeschritten sein. – Das Zentrum der Schule befindet sich im weltberühmten Tôdaiji (Großer Osttempel), in welchem sich die größte Buddha-Statue Japans befindet, der Dainichi Nyorai (wörtlich: Großer Sonnen-Buddha; in Sanskrit: Mahâvairocana tathâgatâ), ein Symbol für Hosshin (dharma-kaya oder dharma-Leib, Körper der absoluten Wirklichkeit). Diese gigantische Buddha-Statue wird zwar jährlich von Millionen von Menschen aus nah und fern bestaunt, wie viele von diesen jedoch das tiefe mystisch-philosophische Geheimnis auch nur erahnen, das dahintersteckt, diese Frage wurde noch von keiner Statistik erfaßt.

Nara mit seinen herrlichen Kunstwerken und seiner tief verborgenen Weisheit lag endlich hinter uns, und ich will gerne eingestehen, daß ich mich geistig überfordert fühlte. Da entstand ein Gedanke in mir: Wie einfach war dagegen doch alles bei den monotheistischen Religionen! Und wie überaus anspruchsvoll ist dagegen der japanische Buddhismus, vorausgesetzt allerdings, daß man ihn ernst nimmt, ihn in seiner unglaublichen Vielfalt auch zu begreifen versucht. Machen wir uns jedoch nichts vor: Der durchschnittliche Japaner hat nur ein sehr oberflächliches Wissen von all den Dingen, und man braucht kein Prophet zu sein, um vorhersagen zu können, daß in absehbarer Zeit das religiöse Niveau auch hier dem der Chinesen gleichen wird.

Ich wollte – den historischen Ablauf als Vorbild nehmend – eine radikale Abkehr von der überbordenden Scholastik hin zur praktischen Meditation vollziehen, und so beschlossen meine Frau und ich, in einen Zen-Tempel einzutreten.

Vier Zweige standen uns zur Auswahl. Die beiden mächtigen Sekten „Rinzai"- und „Sôtô"-Zen, die wenig populäre „Ôbaku", die noch bis heute ihre rein chinesische Struktur bewahrt hat, und die so gut wie vergessene „Fukke"-Sekte. Rinzai (chin. Lin-chi) war in Kyoto durch mehrere Tempel vertreten, doch galt es zu bedenken, daß man sich in diesen Klöstern mit den Kôans (chin. Kung-an; irrationale Probleme zum Aufbrechen des verblendeten Bewußtseins) beschäftigte, um mit dieser in der gesamten Religionsgeschichte wohl einzigartigen Methode Satori (chin. Wu; Erleuchtung) zu gewinnen. Oder sollte ich mich für Sôtô entscheiden, dann müßten wir allerdings ins ferne Eiheiji-Kloster reisen, das noch von Dôgen Zenji selbst gegründet worden war und wo die ach so einfach klingende Übung des „Shikantaza" (Sitzen nur um des Sitzens willen) gelehrt wurde. Der Kern der Lehre besteht darin, daß man nichts zu erhoffen, nichts zu befürchten, nichts zu analysieren habe, daß ES sich einfach dartun möge. Die große Schwierigkeit, insbesondere für Abendländer, besteht darin, daß man *völlig* MOTIVATIONSLOS zu werden habe. Seit unserer Schulzeit, ja selbst davor, hat man uns auf Motivationbedingtheit gedrillt: Ich muß dieses tun, um jenes zu erreichen. Und nun soll all dies nicht gelten. Es ist, als zöge man einem den Boden unter den Füßen fort. – Ôbaku, das nur mehr in Uji blühte und auf den chinesischen Meister Huang-po zurückging, kam wohl kaum in Frage und erst gar die nahezu erloschene Fukke-Sekte mit Übungen auf der Bambusflöte, die auf den köstlichen Pu-hua (jap. Fukke) zurückging, der seinerzeit, um das Widersprüchliche des Weltgeschehens seinem Meister zu demonstrieren, den Purzelbaum schlug, schied überhaupt aus, da kein Meister aufzutreiben war.

Schließlich entschlossen wir uns zum Eintritt in das Rinzai-Kloster Daitokuji. Ihr Gründer, Daito Kokushi („Der Große Tugendhafte, Lehrer der Nation“) war ein überaus bescheidener Mönch gewesen, der sich nach der Erleuchtung unter den Bettlern, die unter einer der Brükken Kyotos lebten, verbarg. Nachdem man ihn entdeckte und seine ganze Bedeutung erkannte, baute man um ihn herum das Kloster. Es wird von ihm berichtet, daß er einst von Mönchen gefragt wurde, wie man am besten Zazen (Übung der Versenkung) praktizieren sollte. Er antwortete: „Wer sich im Zazen üben will, der begebe sich am besten auf die 4. oder 5. Straße (berüchtigt wegen übermäßigen Verkehrs und großen Lärms) und achte die dort umherhastenden Menschen gleich den Bäumen des Waldes im tiefsten Gebirge.“–

Im Kloster fanden wir eine riesige Anlage vor, die aus einer erheblichen Anzahl von Zweigtempeln bestand. Einer davon hieß Ryosen-an. Er war an eine Amerikanerin namens Ruth Fuller-Sasaki, Witwe nach dem bekannten Rôshi (Zen-Meister) Sôkei-an Sasaki vermietet worden, die hier vor kurzem ihr „First Zen Institute of America in Japan“, selbstverständlich unter ausschließlicher japanischer Leitung, errichtet hatte. Sie selbst erlangte die Zen-Priesterwürde, lebte zurückgezogen, ihren Publikationen hingegeben. Wir erhielten hier eine 6-monatige harte Ausbildung unter Ausschluß des Kôan-Studiums, das ich ablehnte, weil mir dazu die zur Verfügung stehende Zeit zu kurz erschien. Wir betraten die Zendô (Meditationshalle) barfuß, und man wies uns Plätze auf dem Tan an. Tan ist eine etwa 70 cm hohe Plattform, die sich entlang der beiden (Schiebe-)Fenster hinzog. Im Inneren der Tan befand sich das Bettzeug, das des Nachts ausgerollt wird. An der Stirnseite befindet sich ein kleiner Schrein mit der Kultfigur, die, zu meiner Verwunderung, nicht den historischen Buddha darstellte, sondern den bodhisattva (Erleuchtungswesen) Monju (Sanskrit; Manjushrî), eine Heiligenfigur, die die transzendentale Weisheit darstellte. Daneben hing an einem Haken der „Keisaku“ (Warnstab), der vom „Jikijitsu“ (Zeremonienmeister) langsam umhergetragen wird. Jede Sitzperiode dauerte 30 Minuten, dazwischen wurde „Kinhin“ (schreitende Meditation) geübt. Der Keisaku wurde zuvor dem Monju geweiht und stellte damit das Schwert der transzendentalen Weisheit dar, womit alle phänomenalen Beilegungen abzuschneiden waren, damit sich die letzte Wahrheit enthülle. Zwischen der 3. und 4. Sitzperiode wurde vom „Jisha“ (Tee-Mönch; er hieß Kôbôri-san und ist inzwischen zum Rôshi für den gesamten riesigen Daitokuji-Komplex aufgerückt) der Tee nach uraltem Zeremoniell gereicht. Die Sitzhaltung war für den Beginn bitter, weil völlig ungewohnt. Man erwartete den halben oder ganzen Lotos-Sitz bei den Männern und den Fersensitz bei den Frauen.

Auf Einzelheiten des Zazen will ich nicht eingehen, darüber gibt es inzwischen genügend Publikationen, doch will ich einige meiner subjektiven Erfahrungen beschreiben: Inzwischen war es Hochsommer geworden; schwüle Hitze. Die „Shôji“ (Schiebetüren und -Fenster) zum Meditationsgarten hin blieben geöffnet, man schwitzte (nicht zuletzt wegen der anstrengenden Sitzperioden), und herein kamen Insekten, die die Nasenlöcher bedrängten oder sich als Stechmücken die Augenwinkel zu ihrem Betätigungsfeld erwählten. Man mußte unbeweglich sitzen und durfte nicht einmal durch Mienenspiel die Tierchen zu verscheuchen versuchen. Wir bekamen keine einzige Belehrung, denn ein altes Zen-Wort lautet, daß die beste aller Belehrungen die Nicht-Belehrung sei. So war man ratlos, worauf man sich eigentlich zu konzentrieren habe. Als Hilfe gab man uns kein „mantram“, ja nicht einmal ein „bija“ (Keimlaut, wie z. B. das unvergleichliche ÔM), keine visuelle Stütze, nichts. Zuweilen überlegte ich, ob mir überhaupt noch zu helfen sei. Andere bereisten das herrliche Land, genossen Landschaften und Kulturen; ich aber saß da mit verdrehten Beinen, hatte Schmerzen und wußte nicht, wozu das Ganze dienen sollte. Dennoch wollte ich mit letzter Energie die 6 Monate durchüben.

Vor oder nach den 4 Sitzperioden gab es gewöhnlich eine „Teishô" (Kurzvortrag, mit dem die normal arbeitende Ratio überhaupt nichts anfangen konnte. Immer ging es irgendwie auf ein Kôan hinaus, und wir wurden etwa mit der Frage entlassen, wie der Klang der einen Hand sei oder ob das Hündchen Buddha-Natur hätte, wobei die hoffnungslose Antwort „MU!" [Nichts!] gleich mitgeliefert wurde).[6] Als Anfänger, der auch noch keine diesbezügliche Literatur in Händen gehalten hatte, war ich oftmals der Verzweiflung nahe. Einmal geschah etwas Schlimmes. Wir saßen in der Zendô. Einige von uns waren unkonzentriert. Das merkte natürlich der Jikijitsu, kam still mit seinem Keisaku heran und hieb inmitten der lautlosen Stille mit aller Gewalt auf einen unbesetzten Platz des Tan. Der Krach war ohrenbetäubend, denn der Tan bildete einen mächtigen Resonanzkasten. Ich glaubte, in die Hölle zu fahren. Mir gegenüber saß eine ältere Dame, eine Schweizerin. Ich blickte zu ihr hin, sie schien – ebenfalls entsetzlich erschrocken – ganz kurzfristig frei zu schweben, dann fiel sie kopfüber auf den Steinboden hinab. Der Jikijitsu zog sie aus der Zendô hinaus, wir aber mußten weiter meditieren, als wäre nichts geschehen. Nach einiger Zeit hörten wir das Signal eines sich nähernden Ambulanz-Wagens. Man brachte die Dame in ein Spital. Ich erfuhr später, daß sie mit Nervenfieber und einer großen Platzwunde eingeliefert worden war. Nun, dachte ich, die ist vom Zen für alle Zeiten geheilt. Weit gefehlt! Nach etwa 14 Tagen saß sie wieder auf ihrem gewohnten Platz und hatte einen dicken Verband um ihren Kopf geschwungen. Als die Sitzperioden beendet waren und wir das Kloster verließen, fragte ich sie nach ihrem Befinden.

„Ach“, sagte sie, „jetzt bin ich erst unangreifbar geworden!“

Mrs. Sasaki hatte eine riesige Zen-Bibliothek in allen Sprachen zusammengetragen, sie besaß aber auch Bücher über andere Zweige des Buddhismus, über den Taoismus und über verschiedene Kunstrichtungen des Fernen Ostens. In uneigennütziger Weise stellte sie mir ihre Schätze zur Verfügung, und ich grub mich darin geradezu ein. Nun erst begann es in mir zu dämmern, was ich alles in China versäumt hatte. Und das wollte ich jetzt nachholen. Vor allem aber betrieb ich gewissenhafte Studien im chinesischen Ch'an und im japanischen Zen. Mrs. Sasaki machte mich auch mit japanischen Gelehrten bekannt, die meine Kenntnisse noch erheblich erweiterten. So lernte ich, daß Zen „Ohne Worte, ohne Erklärungen, ohne Unterweisungen, ohne herkömmliches Wissen“ sei, daß Zen nirgends einzuordnen wäre, keine eigenen Lehren, keine Bücher, keine Philosophie hätte, sondern sich allein auf Wahrheit stütze, daß es ausschließlich um das direkte Hindeuten auf die Wirklichkeit, unter Ausschluß symbolhafter Handlungen oder Worte ginge. Zen, so verstand ich schließlich, war eine extreme Kehrtwendung weg von den gewaltigen metaphysischen Bauten des Indischen Mahâyâna hin zur Alltäglichkeit des praktischen Lebens. Es ging um nichts weniger als um die *Erfassung der SOHEIT innerhalb der Banalität und Trivialität des Alltags!*

Wollte man Zen dennoch in theoretische Formen pressen, dann müßte man sagen, daß es sich um die Erlangung der „unio mystica“ handelt, die sich an keine religiöse Formen mehr gebunden fühlt, so daß selbst der gesamte dharma des Buddha nur vorbereitenden Charakter besitzt, daß man letzten Endes selbst den Buddhismus entbehren könne und daß Zen selbst interkonfessionell betrieben werden kann.

In der Zendô übten wir vorerst Selbstüberwindung. Aus dem Studium der reichhaltigen Literatur, mehr aber noch aus langsam erworbener Erfahrung wußte ich, daß es während des strikten Zazen selten zu Hellblickerlebnissen kommt, und der Grund dafür war recht einleuchtend. Man sollte während des Sitzens dahin gelangen, vollkommen absichtslos, grundlos, motivationslos und dennoch hellwach zu bleiben. Ich würde das Zazen mit der Tätigkeit eines Bauern vergleichen, der mit dem Pflug die Erdscholle aufwirft, um sie nach der Saat dem Himmel, d. h. dem Regen und der Sonne, zu überlassen. Die echten Erlebnisse entstehen selten in der Zendô, sondern zumeist dann, wenn man sie am wenigsten erwartet, erhofft. Etwa im Gang durch die Natur. Plötzlich stehe ich vor einem Baum. Und dann geschieht die Verwandlung. Ich will versuchen im nachhinein die Dinge zu rekonstruieren, nicht aber während des Erlebnisses, sonst kommt es zu keiner „Verwandlung". Ich sehe den Baum. Hier bin ich, da der Baum. Der normale Sehvorgang besteht aus einer Subjekt-Objekt-Diskriminierung. Seheindruck wird zu Sehbewußtsein. Dann lasse ich mich fallen. Ich falle in den Baum restlos hinein, verschmelze mit ihm, werde zum Baum, er zu mir. Den ersten Vorgang bezeichnen wir als normales „Sehen", den anderen jedoch, den wahrhaft mystischen, als „Schau" – in Ermangelung eines treffenderen Wortes. Nun ist es aber leider nicht so, daß die mystische Schau einem jederzeit zur Verfügung stünde. Man hat auf diesen begnadeten Augenblick in Demut zu warten. Doch „Warten", möge man einwenden, ist doch wieder motivationsbedingt, dann müßte doch das erhoffte Ereignis neuerdings mißlingen. So ist es auch. Man habe daher „zu warten, ohne zu warten", wie es in den klassischen Texten heißt. Natürlich muß das Objekt nicht nur ein Baum sein, eine Blume kann die SCHAU genauso auslösen, oder irgendein Ding, sei es auch noch so unbedeutend. Auch ist die „unio mystica" nicht auf den Seh-Schau-Vorgang beschränkt. Man kann an einem Fluß stehen und sein Rauschen mit Genuß hören. Man kann aber auch eine Stufe tiefer kommen und vom Hören zum – ja, wie soll ich es wohl nennen? – zum „LAUSCHEN“ gelangen. Auch auf diese Weise kommt es, diesmal eben durch das akustische Erlebnis, zur unio mystica.

Wie seltsam die Voraussetzungen für Erleuchtungserlebnisse sind und wie unerwartet sie gewöhnlich eintreffen, dafür gibt es in der chinesischen und japanischen Literatur viele Beispiele. Ich will ein einziges anführen, das mir besonders symptomatisch erscheint. Es wird aus dem „Biyän Lu“, der „Niederschrift von der Smaragdenen Felswand“ berichtet. Es handelt von der Erweckung des Meisters Hsing-yän. Diesem hatte einst der große Baichang aufgegeben, sich auf seinen Zustand zu der Zeit, da seine Eltern noch nichts voneinander wußten, zu besinnen. (Ein berühmtes Kung-an, das auch noch heute in der Rinzai-Schule als Kôan große Verwendung hat.) Unfähig, diese Aufgabe zu lösen, ging er zu We-shan, der aber sagte: „Alles, was du mir vorträgst, sind nur Sprüche aus Kapiteln, die du dir gemerkt hast. Werde erst einmal das kleine Kind, welches du als Neugeborener gewesen bist, der noch nicht von Ost und West wußte.“ – Der Unglückliche durchforschte neuerdings alle Schriften, ohne eine Lösung zu finden. Er verbrannte alle Bücher und diente, da er sich für Ch’an untauglich hielt, jahrelang als Reiskoch und baute sich endlich als Einsiedler eine Binsenhütte. Als er eines Tages den Weg zu seiner Hütte fegte und mit dem Besen einen Stein wegschleuderte, traf dieser einen Bambusstamm, der einen eigentümlichen Klang gab, da – erwachte er zum Licht.

Der Buddha heißt der Erleuchtete, aber er heißt auch der Erwachte. Erleuchtung und Erwachen aus dem Traum, den man Leben nennt, sind in der späteren mahâyânistischen Philosophie synonym. Das Thema Traum, Verblendung, Erwachen und Erleuchtung wollen wir an späterer Stelle wieder aufnehmen.

Eines Tages fand ich in Mrs. Sasakis wunderbarer Bibliothek eine Wunderblume, das Hsing-hsing Ming. Ich nahm das Lehrgedicht „Vom Vertrauen auf das Herz“ mit Begeisterung auf. Es stellt eines der ältesten aller erhaltenen Dokumente des chinesischen Ch'an dar und geht auf den 3. Patriarchen dieser Schule, auf Seng-ts'an zurück, der 606 n. Ch. gestorben sein soll. Was uns daran besonders berührt, ist der Umstand, daß zur Zeit der Entstehung des Hsing-hsing Ming das Ch'an sich noch nicht von der Philosophie getrennt hatte, daß wir es also hier mit Lehrsätzen zu tun haben, die der normal funktionierenden (will sagen: der noch verblendeten) Ratio Entscheidendes zu sagen haben. In den folgenden Jahrhunderten änderte sich bekanntlich das Verhältnis der Philosophie zu Ch'an bzw. Zen entscheidend, und an Stelle von rationalen Sätzen wurde Irrationales angeboten, in der Hoffnung, daß mit diesen Instrumenten die Verblendung, das Urübel der Wiedergeburt bzw. das Traumdasein, beseitigt bzw. beendigt werde. Und die Philosophie wurde im Zen dem Spott ausgesetzt!

Das Hsing-hsing Ming hat in sich viel taoistisches Gedankengut aufgenommen und dieses mit mahâyânistischem Erleuchtungsdenken nahtlos verschmolzen und in vollendetste Harmonie gebracht. Und tatsächlich gab es in China kaum ein religiöses Werk, das sich an Beliebtheit mit ihm messen könnte. Das Wort „Herz“ wird im Sinne von „Erleuchtungsbewußtsein“ verwendet. Und darauf sollte man sein gesamtes Vertrauen aufbauen.–

Als erster Gedanke wird eine liebevolle Passivität vorgestellt. Wenn man die Wahrheit, heißt es, klar vor sich sehen will, dann möge man niemals „für“ oder „gegen“ etwas sein. Partei zu ergreifen, sei die schwerste Krankheit des Geistes. – „Wenn man die Wirklichkeit von sich treibt / Sinkt man nur noch tiefer ins Wirkliche . . . Je mehr ihr davon redet, je mehr ihr daran denkt / Desto weiter geht ihr davon weg. Höret auf zu reden, höret auf zu denken / Und nichts werdet ihr mehr nicht verstehen.“ – Daran schließt sich eine typisch taoistische Wendung: „Kehret zur Wurzel zurück, und ihr findet den Sinn.“ – Etwas später wird ein entscheidender Gedanke vorgestellt: „Bei dem winzigsten Gedanken von ‚ist‘ und ‚ist nicht‘ gibt es Chaos, und verwirrt ist der Geist. Wenn auch die Zwei durch das Eine da ist, hängt mir nicht an dem Einen!“ Später dann die Warnung: „Sich hängend an dies oder jenes ohne Maß / Vertraut das Herz falschen Wegen, die in die Irre es führen. / Laßt nur den Dingen ihren Lauf; erkennt, daß ihr (wahres) Wesen / Weder davongeht noch bleibt, wo es ist.“ – Taoistisch sind auch die Sätze: „Die am meisten wissen, tun am wenigsten ...“, „Unwissenheit schafft Ruhe und Unruhe ...“. Es gibt in unserem Text sogar praktische Meditationshilfen, wenn es etwa heißt: „Seht die Bewegung an, als stünde sie still ... / Behandelt das Stillstehende, als ob es sich bewegte ... / Hat man die beiden so beseitigt, was wird dann aus dem Einen? / An dem äußersten Punkt, über den ihr nicht weiter hinauskönnt / Kommt ihr dorthin, wo es nicht mehr Regeln noch Maßstäbe gibt / Wo der Gedanke unparteiisch werden kann / Wo Tat keine Wirkung mehr hat ...“. „Es ist die wahrhaftige Soheit, die jenseitige Sphäre, wo weder ein Er noch ein Ich ist. / Um schnell die Sphäre zu beschreiben, saget ‚Nicht-Zwei‘ ... Ein Augenblick und ein Weltzeitalter sind für Es eins ... Sein ist eine Seite des Nicht-Seins; Nicht-Sein ist eine Seite des Seins ... Das Eine ist nichts anderes als das All.“ – Mit einer köstlichen Wendung geht dieses erstaunliche Lehrgedicht zu Ende: „Ich habe gesprochen, doch umsonst; denn was können Worte erzählen / Von Dingen, die ein Gestern nicht haben, kein Morgen und kein Heute?“

Ich wollte nun unbedingt meine bisherigen bescheidenen Kenntnisse im Taoismus erweitern und stürzte mich neuerlich in Mrs. Sasakis Zaubergarten. Lao-tse’s Tao Tê King war ohne Kommentar kaum verständlich, aber vorerst gab es genügend zu erahnen! Wie erfrischend empfand ich gleich zu Beginn die Fülle von paradoxen Äußerungen, wie erheiternd die Herabsetzung des rationalen Denkens und die Relativität der Gegensätze. Die taoistische Ethik konnte man mit den edelsten Stellen der Evangelien, etwa mit der Bergpredigt, mit Leichtigkeit in Einklang bringen, die Sanftmuts- und die Demutslehre mußten jeden religiösen Menschen begeistern. Weitere Punkte kamen hinzu, die bei mir sogleich auf fruchtbaren Boden fielen: Eine besondere Naturliebe, Naturverbundenheit, die erst die „Künste", die verschiedenen Zen-Wege, ermöglichten. – Dabei lernte ich, daß Zen erstaunliche Seitenzweige entwickelt hatte, die man aus westlicher Sicht teilweise dem Ästhetizismus, teilweise gar dem Sport zuweisen würde. Beide Beurteilungen wären jedoch oberflächlich und gingen am Kern der Dinge vorbei.

Um die Chanoyu (Teezeremonie) und das Ikebana (Blumengesteck) haben sich eine Anzahl von Schulen, ja Sekten, bemüht, die es dennoch nicht verhindern konnten, daß beide Künste zu wundervollen Kristallen erstarrt sind und daß das wahrhaft Lebendig-Geistige nur mehr in Ansätzen erkennbar ist. Denn hinter der Teezeremonie verborgen liegt der Chadô (Tee-WEG; Dô ist dem chinesischen TAO identisch, ein Begriff, der in der letzten Tiefe WEG und ZIEL gleichzeitig bedeutet). Worum geht es letzten Endes beim Tee-WEG? Es geht darum, im engen, leeren Teeraum die wahre Freiheit zu erleben. Und was wäre der letzte Sinn, das Fernziel des Chadô? Der Tee-WEG soll zur Aufhebung des Ichs und damit zur Erleuchtung hinführen: Das Eine im All, das All im Einen begreifen zu lernen. Dabei wird die Nicht-Zweiheit verwirklicht, so daß Trinkender und Trank, Subjekt und Objekt miteinander verschmelzen, ineinander aufgehen. – Wie feinsinnig, wie vollendet in ihrer Ästhetik und gleichzeitig in ihrer Weisheit, waren doch die Meister vergangener Zeiten! Von ihren Aussprüchen zeitloser Wahrheit sollen einige Proben folgen.

Jôô: „Eine Teezeremonie, die nicht das Herz des Gastes erreicht, ist unverzeihlich." – Chukô: „...Die das Heiligtum der Tee-Lehre betreten, lassen die Erscheinungsform ihres Selbst draußen und horten drinnen die Tugend der Milde und erreichen die Welt einer innigen Zuneigung. HARMONIE, EHRFURCHT, REINHEIT und STILLE – sie führen schließlich zum ewigen Frieden."

Einen besonderen Platz unter den ästhetischen Zen-Künsten nimmt der Haikudô, der WEG der Haiku-Gedichte ein. R. H. Blyth, einer der bedeutendsten Kenner der Haiku-Literatur, sagte einmal, daß man Jahre unbewußten Versunkenseins in die gesamte indische, chinesische und japanische Kultur brauche, um ein einziges Haiku richtig zu lesen. – Haiku ist Ausdruck einer zeitweiligen Erleuchtung, bei der wir in das Leben der Dinge einblicken. Es ist das Glück, Vereinigung mit den Dingen zu finden, die verblendende Trennwand der Polarität des Nichtich-Ich-Verhältnisses einzureißen. In einem Ding sind alle enthalten. Und so steht denn auch eine Blume für den ganzen Frühling. Ein fallendes Blatt für den ganzen Herbst, für den „zeitlosen Herbst aller Dinge". – Auch hier wieder einige Proben. Bashôs berühmtestes Haiku: „Uralter Teich / Kleiner Frosch springt / Klang des Wassers". Der Wasserspiegel zerspringt optisch wie akustisch. Aus dem Erlebnis, daß aus der Stille Klang und aus Klang wieder Stille wird – darin liegt das ganze Mysterium des Universums beschlossen! – Issa: „Eine Predigt an der Straßenkreuzung / Ein tolles Geschnatter: / Auch das ist Frühlingsstille." – Der Vollmond gilt als Symbol für Erleuchtung. Nachfolgendes Haiku von Issa deutet auf uns selbst hin: „Das Kind schluchzt / Gib ihn mir / Den leuchtenden Vollmond!" – Sollte die grenzenlose Weisheit der nachfolgenden Haikus von Masahide nicht auch ohne Kommentar verständlich sein? „Nachdem mein Speicher abgebrannt / Beeinträchtigt nichts mehr / Die Sicht auf den hellen Mond." – Wie überaus menschlich nimmt sich jenes Haiku aus, das Issa im Anblick seines toten Kindes dichtete: „Diese Welt der Tautropfen / Es mag nur ein Tautropfen sein / Und dennoch / Und dennoch!" – Kyôroku: „Bis ins Kochgeschirr / Wo man die Kartoffeln kocht / Reicht die Mondennacht." – Issa: „Die fernen Berge / Reflektieren sich in den Pupillen / Der Libelle." Eine wahrlich ausgezeichnete Beobachtung und darüber hinaus der Gedanke der Vereinigung des Insekts mit den Bergen. – Zur Kirschblütenzeit begeben sich die Japaner gerne auf Reisen. Ein anonymer Dichter aus der Frühzeit der Haikus betrachtet die Dinge auf seine Weise: „Ihre Skelette / in Samt und Seide gehüllt / Gingen sie Kirschblüten sehen." – Shinô: „Beneidenswerte Ahornblätter! / Schön ist es, wunderbar zu werden / Und dann zu fallen." – Zuletzt noch ein Haiku von Sodô, das mich immer schon zutiefst berührt hatte: „Diesen Frühling in meiner Hütte / Gibt es nichts: Gibt es alles."

Neben dem Tee-WEG, dem Blumen-WEG, dem WEG der Haiku-Gedichte wäre auch Shodô – WEG der Kalligraphie – erwähnenswert, der allerdings unendlichmal mehr ist als l'art pour l'art und mit dem altgriechischen kallos (schön) und grapho (schreiben) kaum mehr etwas zu tun hat. Shodô ist ein Weg, der zur Enthüllung der eigenen Persönlichkeit führt. –

Von ganz anderer Art scheinen Kyudô, Kendô und Judô zu sein, und sicherlich sind diese Seitenzweige der Künste vom Samurai-Geist erfüllt. Kyudô, der Bogen-WEG, ist keine Sportart, sondern dient dem Bewußtseinstraining und hat als Ziel die Selbstüberwindung. – Auch im Kendô – dem Schwert-WEG – geht es keinesfalls vordergründig um den Fechtsport, sondern um Tieferes; es geht um die Überwindung des Ich.

Wenn wir im Zen *einen* Weg vermissen, dann ist es der der Musik.[7] Der Grund dafür, daß man sie beinahe völlig ausklammert, muß darin liegen, daß diese wundersamste aller Künste imstande ist, Emotionen wachzurufen, die dem Uranliegen der Meditation – vollendete Ruhe des Geistes zu erlangen – diametral entgegengesetzt ist. Die Macht der Musik, die eine große Gefahr für die „Meeresstille des Gemüts" darstellt, muß schon in grauen Vorzeiten im Okzident erkannt worden sein. Der hl. Augustinus (354–430) schrieb sogar darüber ein eigenes Werk, das er „De musica" nannte und das sich, nach seinen eigenen Worten, mit den „vorletzten Fragen" beschäftigte, um mit ihrer Hilfe den Geist einzuüben. Im Zen jedoch vermied man diese gefahrvollen Klippen, schließlich stand eine Menge anderer Möglichkeiten zur Verfügung.

Die Natur wurde im ältesten Buddhismus vorwiegend aus dem Blickwinkel des „anicca", der All-Vergänglichkeit, betrachtet. Ganz anderes im Fernen Osten, wo man sich verzaubern ließ vom „Schweigenden, schönen All", das die Taoisten als Wurzel aller Dinge besangen. Die einzigartige Schönheit der japanischen Zen-Gärten wäre ohne taoistische Einflüsse undenkbar.

Neuerlich, aber jetzt endgültig, landete ich beim Taoismus. Nach längerem Umhertappen gelangte ich schließlich zu Chuang-tse (er starb um 275 v. Ch.), dessen klare, aber auch köstliche Sprache mir erst den Zugang zu den mystischen Formulierungen des Lao-tse ermöglichte. Chuang-tse wurde meine große Liebe und ist es bis zum heutigen Tag geblieben. Sein umwerfender religiöser Humor traf meinen Wesenskern, hier fand ich endlich, was ich bisher vergebens bei den Monotheisten, aber auch bei den Buddhisten gesucht hatte: Befreiendes Lachen, zumindest beglückendes Lächeln. Daß es sich dabei keinesfalls um pseudoreligiöse Scherze handelt, sondern um tiefsinnige Äußerungen, dafür soll ein einziges Beispiel stehen. Trotz aller Warnungen des alten Lao-tse mußte sich inzwischen auch im Taoismus eine Scholastik breit gemacht haben. Dieser begegnete der unvergleichliche Chuang-tse mit folgenden Worten: „Mit einem Brunnenfrosch kann man nicht über das Meer reden; sein Horizont ist beschränkt auf das Brunnenloch. Mit einer Sommerfliege kann man nicht über das Eis reden; sie kennt nur ihre Jahreszeit. Mit einem Scholastiker kann man nicht über das Tao reden; er ist in seine Lehre eingemauert."

Ich lernte Gedanken kennen, die sich meinem ganzen späteren Leben zutiefst einprägen sollten. Wenige Beispiele seien angeführt: Lao-tse glaubte an das Nicht-Tun und verlachte die, die Dinge tun. – Die Wirklichkeit ist ein fliehender Punkt, sie ist gestaltlos, und alles Leben ist im ständigen Wechsel. – Die Welt befindet sich in hoffnungsloser Verwirrung. – Es gibt nichts außer dem Nichts. – Es gibt keine bessere Predigt als die ohne Worte! – Leben kommt vom Tod, Tod kommt vom Leben. – Alle Maßstäbe sind relativ, sind abhängig vom subjektiven Standpunkt. – Der echte Weise behält seine Erkenntnisse für sich, während die gewöhnlichen Leute ihre Einsichten im Wortstreit vorbringen, um einander zu überzeugen. Daher heißt es, daß, wer streitet, das deshalb tut, weil er seiner Sache nicht sicher ist.

Im Gegensatz zum realistischen und positivistischen Konfuzianismus lehrt Chuang-tse: „Nach und nach kommt das große Erwachen, und wir erkennen alle, daß dieses Leben nichts war als ein großer Traum. Nur Narren wähnen, sie seien jetzt wach(!) . . . welch eine Beschränktheit! Kung Fu-tse und ihr seid beide nur Träumer; und ich, der ich sage, ihr seid Träumer, bin selbst auch nur ein Traum." – Auch das Spiegelgleichnis traf ich bei Chuang-tse an: „Der Vollkommene gebraucht seinen Geist wie einen Spiegel; dieser ergreift nichts und weist nichts ab. Er nimmt auf, hält aber nicht fest." – Das Wesen der Güte wird von unserem Meister eindringlich dargelegt: Die Güte muß unbewußt, natürlich und absichtslos (!) sein. „So gibt es keinen größeren Schaden für die eigene Charakterentwicklung als Tugendübung mit Absicht." –

Wie sehr sich Lao-tse im Gegensatz zu Kung Fu-tse weiß, geht aus der Bewertung von Intuition und alltäglichem, daher dualistischem Wissen hervor. Hier der gezielte Seitenhieb auf den Konfuzianismus: „Als Wissen und Klugheit erschienen, folgte ihnen große Heuchelei auf dem Fuß." Oder: „Verbannet das Lernen, und das Gequältsein endet." (O glückliche Schulzeit! Bei diesem Satz mußte ich hellauf lachen.) – Oder: „Sehet nicht, höret nicht, bewahret eueren Geist in Ruhe." – Oder: „... vieles Wissen ist ein Fluch." – Wollen wir nochmals den köstlichen Chuang-tse zitieren: „Die Alten preisen und die Heutigen (3. vorchr. Jahrhundert!) herabsetzen, ist bei allen Gelehrten üblich. Denn wenn man die Jetztzeit mit der alten Welt von Hsi-wei vergleicht, wer könnte da nicht wehmütig werden?..."

Bei den vielen heiteren Anekdoten und Aussprüchen des göttlichen Chuang-tse wirkt es besonders erschütternd, wenn man auch bei ihm merken muß, daß es nicht nur Hochstimmungen des Geistes gibt, sondern daß zuweilen auch er von pessimistischen Gedanken und von Skepsis heimgesucht wurde: „... Durch die Mühen und Plagen eines ganzen Lebens gehetzt zu werden, getrieben werden, ohne je im Laufe einhalten zu können – ist das nicht jammervoll? Sich ohne Unterlaß durch das ganze Leben mühen, um dann, ohne die Früchte seiner Arbeit genießen zu können, wieder fortgehen zu müssen, ohne zu wissen, wohin – ist das etwa keine Ursache zu Kummer? Man sagt, es gebe keinen Tod – aber was will das besagen? Der Leib verwest, und der Geist geht mit ihm. Ist das nicht ein Grund zur Trauer? Ist das Menschenleben wirklich so ein Rätsel? Oder stehe nur ich allein vor diesem Rätsel und die anderen nicht?" – Zuletzt noch ein Weisheitswort, das das Anliegen des Taoismus besonders deutlich hervorhebt: „Der Zustand, wo Ich und Nicht-Ich keinen Gegensatz mehr bilden, heißt der Angelpunkt des TAO. Das ist der Mittelpunkt, um den sich die Gegensätze drehen können ... Auf diese Weise hat auch das Ja wie das Nein unendliche Bedeutung. Darum habe ich gesagt: Es gibt keinen besseren Weg als die Erleuchtung“.

Ich will es heute noch als eine der glücklichsten Fügungen innerhalb der Menschheitskultur betrachten, daß die unendlichen Tiefen der indischen Weisheit in China mit den Abgründen der taoistischen Mystik zusammengekommen sind, daß sie ineinanderflossen und daß als Frucht dieser Idealehe Ch’an und Zen zur Welt kamen.

VII. Kapitel

Der Zen-Apostel

Mit gewaltigem geistigem Gepäck beladen, kehrten wir endlich nach Wien zurück. Das Erlernte, mehr noch: Das Erfahrene wollte aufgearbeitet werden. Während Zen inzwischen im angelsächsischen Raum bekanntgeworden war, wußte man in Mitteleuropa – 1961 – kaum mehr als Ansätze, die durch vorerst spärliche Literatur bloß einem kleinen Kreis von Interessenten zugänglich waren. Ich erkannte meine Lebensaufgabe darin, Zen populär zu machen. –

Inzwischen war in Roseburg, etwa 70 km östlich von Hamburg, das erste buddhistische Kloster im deutschsprachigen Raum entstanden. Das allererste Meditationsseminar stand unter dem Titel „Satipatthâna und Zen“. Damals wagten wir noch nicht, ein eigenständiges Zen-Seminar anzubieten; viel zu unbekannt war noch diese Form des Buddhismus, und mit Mißtrauen wurde dieses Unterfangen vor allem von den alten Theravâda-Buddhisten betrachtet. Um nochmals auf den ersten Versuchsballon zurückzukommen: Ich teilte meine Arbeit mit einem deutschstämmigen Theravâda-bhikkhu namens Dhammiko, der die Satipatthâna-Methode, die Achtsamkeit auf den Atem, die Körperhaltungen, die Geist- und Geistobjektbetrachtungen lehrte, um dann wieder mir die Möglichkeit einzuräumen, Zen, wie ich es im Daitokuji-Kloster zu Kyoto erfahren habe, darzulegen und sowohl die Ähnlichkeiten wie auch Verschiedenheiten zur bereits gut bekannten Satipatthâna-Methode herauszuarbeiten.

Das Jahr darauf versuchte ich es bereits mit unvermischten Zen-Seminaren. Ohne auf Einzelheiten einzugehen, wie sich meine Tätigkeit für buddhistische Organisationen entwickelte, will ich nur bemerken, daß auch kirchliche

Stellen auf das Zen aufmerksam wurden. Hauptgrund dafür waren die Arbeiten zweier Jesuiten-Mönche, die an der Sophia-Universität von Tokyo arbeiteten: Pater Heinrich Dumoulin und Pater Hugo M. Enomiya-Lassalle. Diese hatten den interkonfessionellen Charakter des Zen erkannt und den Versuch gewagt, dem christgläubigen Menschen eine fernöstliche Meditationsmethode anzubieten. Denn daß seit dem Mittelalter, da die Mystiker noch hoch im Kurs standen und die christliche Meditation weiterreichten, beide, Mystik und Meditation, durch die Gelehrsamkeit, die Scholastik, immer mehr zurückgedrängt wurden und man endlich dieser rationalen Überbewertung im religiösen Raum Einhalt gebieten wollte, darin eben erblickten die beiden Jesuiten die Chance einer inneren Wiederbelebung. Durch diese Umstände bedingt, wurde die Kirche auf meine Tätigkeit aufmerksam, und ich erhielt Einladungen. Von allem Anfang an wollte ich jedoch die Dinge klarstellen und machte deutlich, daß ich an einer neuen Form, einem „christlichen Zen", kein Interesse bekunden und Zen nur „rein", d. h. in jener Form vorleben wollte, die ich in Japan erfahren hatte.

Auch an dieser Stelle will ich den Leser durch ermüdende Einzelheiten nicht belasten, nur eine einzige heiter-besinnliche Episode beibringen. Man berief mich einmal nach Ulm, um im Benediktiner-Kloster Beuron ein Zen-Seminar zu leiten. Von jedem Teilnehmer, auch von mir, wurde verlangt, daß man Einzelheiten über seine Person auf einem Karteikärtchen anzugeben habe. Da war ein kleiner Platz freigelassen für „Religiöses Bekenntnis". Ich fragte den Pater, ob er dazu keine Allonge hätte. Er verstand nicht. Ich meinte, daß mir der Platz zu eng werde. Ich möge es ruhig versuchen, meinte er, römisch-katholisch wäre doch nicht zu lang. So schrieb ich denn wahrheitsgemäß mein Religionsbekenntnis in kleinstmöglicher Schrift: „Ich bin ein jüdisch-christlicher-islamisch-buddhistischer Taoist mit hinduistischen Neigungen." Der Pater fragte, ob ich mir einen Scherz erlaube. Ich sagte: „Nein. Nur im Abendland bekennt man sich ausschließlich zu einer Religion. Ich bekenne mich zu allen!“ Der Pater ließ nicht locker: „Dann sind sie eben gar nichts!“ – „Nicht doch! Ich bin ein religiöser Weltbürger, bin überall zuhause!“ – „Also ein Synkretist sind sie“, und in seiner Stimme klang noch mehr Ablehnung als zuvor, „sie selektieren aus den Religionen heraus, was ihnen gerade so paßt.“ Ich versuchte auf Ähnlichkeiten in den Aussagen von Mystikern verschiedener Religionen hinzuweisen und meinte, daß es doch keine Sünde sein könnte, wenn man sich bemüht, Weisheit und Wahrheit überall aufzuspüren; keine Religion hätte sie allein gepachtet. Er jedoch erachtete das Gespräch bereits als beendet. Wie schwer ist es doch, Scheuklappen zu beseitigen und für eine wahre Größtökumene einzutreten. Diese traurige Erfahrung mußte ich bereits damals machen, und auch in späteren Jahren hat sich daran wenig geändert.

Meiner Tätigkeit als Meditationslehrer sei nicht weiter nachgegangen, wohl aber der inneren, der geistigen Entwicklung, die noch keineswegs abgeschlossen war. Ich setzte meine vielschichtigen religionsphilosophischen Studien fort und gelangte zu zwei Begriffen, mit denen ich mich lange Zeit herumzuschlagen hatte. Der eine Begriff heißt „mâyâ“, der andere „upâya“. Das fernöstliche Denken kreist darum. Denn sowohl die Buddhisten als auch die Taoisten sind vom Traumdasein überzeugt. Solange wir fortfahren zu träumen, befinden wir uns in tiefer Verblendung, und dies ist mâyâ. Erst durch Erleuchtung schütteln wir den Traum ab und erwachen. Wie es nach dem Erwachen ist? Die Inder sagen „néti – néti“, d. h. „nicht so – nicht so!“ Ganz anders also, als man es sich nur auszudenken vermag. –

Im Okzident hält man von einer Überzeugung des Traumdaseins viel weniger, wenn es auch bei uns heißt, daß das *wahre* Leben erst nach dem Tode beginnt, daß unser gegenwärtiges Leben in Vergänglichkeit nichts anderes als Vorbereitung für das Endgültige ist. Sehr selten bricht bei einem Seher, einem Dichter auch in unseren Breitegraden eine Erkenntnis durch, daß dieses unser Leben ein Provisorium darstellt und daß der Begriff „Traum", wenn schon nicht mehr, dann eine wundervolle, eine gar treffende Metapher darstellt. Ein einziges Beispiel, vielleicht das schönste, sei aus unserem Kulturkreis angeführt. Es stammt vom spanischen Dichter Calderon de la Barca.[9] Ein Ausschnitt aus dem Monolog seines Dramas „Das Leben – ein Traum": „Wir leben in so fremden Lebensräumen. Wo das Leben Traum nur heißt. Was mir selbst geschah beweist, daß wir unser Sein nur träumen, bis man aus dem Schlaf uns reißt. König sei er, träumt der König und befangen in dem Wahn herrscht er stolz und ordnet an. Beifall wird ihm untertänig. Ihn verweht des Windes Bahn und im Tod vergeht er doch, wird der Asche gleichgemacht. Wer will da regieren noch? Sieht er, wenn er erst erwacht, wenn er schläft in Todesnacht? – Von dem Reichtum träumt der Reiche, der ihm stets nur Sorgen schickt. Und der Arme, leidbedrückt, träumt, daß seine Not nie weiche. Der träumt, daß ihm alles glückt, der von Ehrgeiz und von Streben. Jener von des Zornes Pein; kurz: in diesem Erdenleben träumen alle nur ihr Sein. Ich in Kerkerhaft gebückt, träume daß die Fessel drückt . . . Was ist Leben? Irrwahn bloß! Was ist Leben? Eitler Schaum. Truggebild, ein Schatten kaum. Und das größte Glück ist klein, denn ein Traum ist alles Sein. Und die Träume selbst sind Traum." –

Um Mißverständnisse auszuräumen, sei darauf hingewiesen, daß man im fernöstlichen Buddhismus selbst noch *über* die Lehre, daß alles Leben bloß ein Traum sei, hinausschreitet. So sagte einmal ein japanischer Mystiker: „Ist die Welt ein Traum? / Ist sie wesenhaft? Sage! / Weder wesenhaft / Noch ein Traum, daß ich wüßte: / Ein Etwas, ein Nichts in einem." – Daraus aber geht hervor, daß jede Lehre, und wäre sie die tiefste, eine Metapher ist. Damit kommen wir sogleich zu dem vielleicht *allerwichtigsten Begriff fernöstlichen Denkens und Fühlens,* dem des „upâya“ (jap. Hôben). –

W. Gundert nennt „upâya“ einen Notbehelf und sagt, daß „upâya“ „... schließlich alles ist, was man unter ‚Religion‘ versteht: Lehren, Gleichnisreden, Mythen, Sakramente, Liturgien, Anbetung von Buddha-Bildern, Feste, Feiern, fromme Sitten und im strengeren Sinne ebenso das sittliche Bemühen wie auch die Versuche, das Geheimnis der höchsten Wahrheit und der Buddhaschaft verstandesgemäß zu erklären.“ An anderer Stelle fügte er hinzu: „Himmel und Hölle sind alles nur Bilder, sind Formen, die aus dem Grund des hin und her bewegten Geistes aufsteigen. – Sein oder Nichtsein ist hier keine Frage, der Standort ist jenseits von Tod und Leben. – Die Übungen dienen, damit das Licht der Freiheit und Erlösung aufgeht und weiter dann, um im Lichte zu bleiben und zu wachsen. – Ein einziges geisterfülltes Wort konnte wie der Blitz einschlagen und (dem Übenden) ein für allemal das Tor zum neuen Leben eröffnen. – Nirgends wird Polarität stärker und schmerzhafter empfunden als da, wo es dem Menschen um das Höchste geht, in Religion und Philosophie.“

„Upâya“ ist daher ein an sich leeres, ja bedeutungsloses Hilfsmittel, das dennoch für den einzelnen von größter Wichtigkeit werden kann, man müßte nur das Richtige und dies zur geeigneten Zeit herausfinden. Könnte man überhaupt „upâya“, einen Begriff, der sich offenbar erst sehr spät im Mahâyâna entwickelt hat, bis in den Urbuddhismus, bis zu den ersten Lehrverkündigungen des Buddha zurückverfolgen? Man kann es. In einer uralten Lehrpredigt vergleicht der Buddha den gesamten „dhamma“ mit einem Floß, das dazu dienlich ist, ans andere Ufer (nibbâna; nirvâna) zu gelangen. Er fragte nun seine Mönche, ob sie es für richtig und klug hielten, wenn ein solch „Hinübergelangter“ das Floß weiter mit sich herumtrüge, oder ob man das Floß (für alle Zeiten) ablegen sollte. Die richtige Antwort lautete denn auch: „Ablegen!" In gleicher Weise wäre der „dhamma" ein ausgezeichnetes Mittel, um an das andere Ufer zu gelangen. Dort aber angekommen, benötigt man es nicht mehr. Man erkennt, daß es weder ein diesseitiges noch ein jenseitiges Ufer gibt, noch ein Floß, noch einen Menschen, der „hinübergelangt" ist. – In späterer Interpretation hieße das: Der „dharma" ist ein überaus zweckdienliches „upâya", das einem die Wirklichkeit erschließt. Erwacht aus dem Traum, erkennt man, daß die Lehre des Buddha von den drei Daseinsmerkmalen, von der vierfachen Leidenswahrheit, vom Edlen 8-teiligen Pfad, der Kette des bedingten Entstehens, von der Last und vom Lastträger, von himmlischen und höllischen Daseinsbereichen, *ja selbst von der Wiedergeburt und Erlösung, nur „upâya"* waren, an sich wesenlose Hilfsmittel, um Verblendung zu zerbrechen und Erwachen zu erlangen. – „Upâya" ist DER Schlüssel zum tieferen Verständnis des gesamten fernöstlichen Denkens, es ist DAS Sprungbrett in eine ALL-MYSTIK hinein!

VIII. Kapitel
Auf dem Weg zur Mystik

Für mich bildete Zen die Brücke zur Mystik. Damit trennte ich mich von aller Scholastik bzw. schob sie in den Bereich der „upâya“ ab. Man könnte nun meinen, daß ich mich von den monotheistischen Religionen, vor allem vom Christentum mit seinen definierten „Glaubenswahrheiten“, endgültig gelöst hätte. Dem war jedoch nicht so. Nach wie vor ging ich in die Kirche, doch ich betrat und verließ sie in einem anderen Geist als bisher. Lächelnd begrüßte ich den Gekreuzigten (obwohl ich mich niemals ganz von einem Schauer befreien konnte, der meinen Rükken hinabglitt), lächelnd begrüßte ich die „Gottesmutter“, das Ewige Licht, das Allerheiligste.

Nun war ja alles ganz einfach und verständlich geworden: die Heiligenbilder, die hl. Handlungen am Altar, besonders der Segen, die Gebete, die Lobpreisungen; eben alles. Und dann versanken all die wertvollen „upâya“, gerade daß ich noch die Orgel vernahm, und dann versank auch ihr Klang, und ich weilte – ganz kurz, in einem begnadeten Augenblick – in „śûnyatâ“ (Leerheit) und „tathatâ“ (Soheit), in letzter, unnennbarer Wirklichkeit. –

Ich tauchte wieder auf. Die heiligen Symbole begrüßten nun mich. Und ich war glücklich und dankbar. Dankbar? Dankbar wem? Diese Frage müßte sich doch jedem Abendländer geradezu aufdrängen. – Es gibt eine Dankbarkeit an sich, die nur wenige Menschen kennen. Saigyô, ein japanischer Mystiker, hat einen Ausspruch gefunden, der tiefstes Gefühl bekundet: „Was es ist, weiß ich nicht. Doch aus Dankbarkeit fließen meine Tränen.“ Hier war sie gefunden, die absichtslose, bedingungslose, grenzenlose – die Dankbarkeit an sich! – Mit ihr ist es genauso bestellt wie mit „mettâ“, der bedingungslosen Liebe, die nicht mehr diskriminiert, unterscheidet. Sie ist dem Strahlen der Sonne gleich, die auch keine Unterscheidungen kennt zwischen groß und klein, schön und häßlich, GUT und BÖSE. Im mettâ bhâvanâ wird man zum Strahlenden an sich, und genauso ist es mit der Dankbarkeit.

Ja, ich gehe auch heute noch gerne in die Kirche, aber man findet mich auch an anderen heiligen Orten, gleichgültig, um welche Religion es sich handelt. In jeder Kultstätte versuche ich mit meinen schwachen Kräften das Heilige-an-sich aufzuspüren, darin zu versinken. Überall empfange ich den Segen und bin glücklich. Und dann teile ich ihn auch wieder aus, zumeist unsichtbar, unhörbar. Die Fundamentalisten mögen zornig mit den Füßen aufstampfen und nur dem „bestellten" (geweihten) Priester das Segnen gestatten. Der Mystiker wird in einem begnadeten Augenblick den Ruf, die Be-Rufung erfühlen und sein Herz überströmen lassen. – Die Freude an Polemik, an Streitgesprächen kam völlig zum Erliegen. *Diskussionen* ging ich in dem Maße aus dem Weg, wie ich *Dialoge* suchte. Den anderen immer besser verstehen zu lernen, ohne ihm die eigenen Ansichten – selbst Einsichten! – aufzwingen zu wollen.

Nun, das alles klingt ganz gut, mag man denken, doch war es wirklich so, daß es ständig bergauf ging? Leider nein. Manchmal packten mich Depressionen und rüttelten mich gewaltig durch. Gewöhnlich dann, wenn ich vergebens auf die SCHAU, auf das LAUSCHEN, auf die *unio mystica* wartete. Ich erklärte mir Rückfälle mit unaufgelöstem karma; dies bewirkte ein unseliges Herauf- und wieder Hinunterfallen, ein Hinaus- und wieder Hineinfallen in die Wirklichkeit, und ich flüchtete . . ., ja, wohin eigentlich?

In den Humor. Doch zuweilen bekam er dann eine besondere Färbung, die ich traurig als Galgenhumor bezeichnen muß. Aufgegeben habe ich niemals. Und war Erleuchtung auch noch so fern – den Geschmack davon hatte meine Zungenspitze verkostet. Die Sehnsucht nach ihr war unverlierbar.

An dieser Stelle scheint es mir unumgänglich, einige Ereignisse meines eher äußerlichen Lebens einzuschalten. – Als Präsident der Buddhistischen Gemeinschaft Österreichs hieß ich sowohl Delegationen als auch Einzelreisende wie Professoren und gelehrte Mönche aus dem südostasiatischen Raum wie auch aus dem Fernen Osten willkommen, wobei ich jede Möglichkeit wahrnahm, mein Verständnis im dharma zu erweitern. Als besonderes Ereignis möchte ich den ersten Besuch des Dalai Lama in Europa bezeichnen, der im Herbst 1973 zu uns kam und mit dem wir erstaunliche Erlebnisse hatten. Ein Jahr zuvor hatte ich neben den österreichischen Buddhisten auch die Auszeichnung, die deutschen Buddhisten anläßlich der Weltkonferenz der „World Fellowship of Buddhists“ in Colombo zu vertreten, und wurde dabei einstimmig zum „Chairman of the Standing Committee of Unity and Solidarity of Buddhism“ gewählt.

1974 wurde ich in den christlichen Orden des hl. Lazarus von Jerusalem berufen. Als Begründung für diese Auszeichnung nannte man meine größtökumenischen Bestrebungen. 1977 schloß ich mich einer Pilgerreise unseres Ordens ins hl. Land an (worüber im nächsten Kapitel ein Bericht folgt). 1978 fuhren meine Frau und ich nochmals nach Israel.

1979 nahm ich (obwohl mein Rücktritt[10] als Präsident der BGÖ bereits drei Jahre zurücklag) an der Gründungsversammlung der Europäischen Buddhistischen Union in Paris teil und hielt ein Grundsatzreferat. Dabei versuchte ich Gedanken zu entwickeln, in welcher Form man wohl dem Abendländer den Buddhismus anzubieten habe. Ich sah zwei Möglichkeiten: Entweder man würde die Lehren nach den überlieferten Schulen Indiens, des südasiatischen Raums, Chinas, Japans oder Tibets unverändert anbieten, oder man würde nach neuen Formen Ausschau halten, um die buddhistischen Grundlehren mit okzidentalen Traditionen zu verbinden, anzureichern. Man könnte sehr wohl aus der buddhistischen Geschichte lernen und beobachten, wie der Buddhismus sich immer wieder den mentalen Bedürfnissen der Gastländer angepaßt hatte und es niemals umgekehrt war, daß man die Völker, zu denen der Buddhismus gekommen war, etwa gezwungen hätte, völlig wesensfremde Elemente dogmatisch zu übernehmen. So wurden alte religiöse Vorstellungen mit neuem Geist erfüllt. Ich brachte Beispiele: In Tibet wurden Verschmelzungen mit dem alten Bön-Glauben; in China – wie bereits öfters erwähnt – mit dem Taoismus; in Japan mit der Urreligion des Shintôismus überaus erfolgreich durchgeführt. Ich stellte die Frage in den Raum, ob man Zen mit christlichen Werten anreichern, oder ob man es umgekehrt versuchen, oder nach ganz neuen Wegen Ausschau halten sollte? Noch stehen wir inmitten (besser: erst ganz am Anfang) einer Entwicklung; denn was sind schon, historisch betrachtet, die wenigen inzwischen vergangenen Jahrzehnte einer „Buddhismuskunde", geschweige denn eines „Europäischen Buddhismus"?

Im gleichen Jahr ging es auf die nächste Pilgerreise in die Armenische Sowjetrepublik (auch darüber ein Bericht im nächsten Kapitel). Ende des gleichen Jahres folgte ich einer Einladung der Japan Foundation für weitere Studien. Sowohl 1981 als auch 1982 begleitete ich Kulturreisen nach Japan, nachdem ich die Teilnehmer wissenschaftlich genügend vorbereitet hatte. – 1987 erfolgte eine neuerliche Berufung, diesmal in den Brasilianischen Orden „Soberana Ordem dos Cavaleiros de São Paulo Apostolo". –

Genug der Äußerlichkeiten, die, nach den letzten Berichten der inneren Weiterentwicklung, bei dem Leser unverständliches Staunen, ja Ironie hervorrufen mögen. Der Autor seinerseits verschanzt sich hinter seine upâya, so daß er sich stets auf zwei Ebenen zu befinden scheint. –

Nun folgten Perioden des Pessimismus und der tiefen Skepsis, die mich schlimm durchrüttelten. Wenn ich die Dinge realistisch betrachtete, erblickte ich die größte Tragödie des Menschen darin, daß er in völliger Ungewißheit hinsichtlich seines gesamten Lebens- und Todesweges bleibt; und das unbeschadet seines persönlichen Credos. Daß der Mensch das alles, ja zuweilen sogar humorvoll, ertragen kann und sich nicht auf Dauer einer hoffnungslosen Lethargie ausliefert, das allein schon grenzt an ein Wunder. –

Bei Restaurierungsarbeiten am Dom von Lübeck hat man eine Mauer freigelegt und darauf eine Inschrift gefunden, die ein Unbekannter hingepinselt hatte: „Ich bin, ich weiß nicht wer; ich komm, weiß nicht woher; ich geh', weiß nicht wohin. Mich wundert's, daß ich so fröhlich bin." Wie wahr! Wie weise! Alles sei doch nur ein Traum-Dasein, heißt es aus tieferer Sicht. Nur in der Scheinwelt gibt es Altern, Vergänglichkeit, Leid und schließlich Tod. Noch aber haben wir nicht die Kraft, uns von „avidhyâ" (Verblendung) abzulösen, auf daß „prajñâ" (Hellblicksweisheit) wenigstens die Zungenspitze berühre. Und so erblickt man gleichzeitig zwei Schwellen, an die man herankommt: Die Schwelle des Todes, um die immer wieder unsere träumenden Gedanken kreisen, und die andere, die tatsächlich entscheidende, unfaßbare: die Schwelle des Erwachens. –

Die meisten Menschen denken zwar zuweilen und mit Schrecken an den Tod, doch schieben sie solche Gedanken rasch wieder fort. An die zweite Schwelle denkt in unseren Breitegraden kaum einer. Ist es Begnadigung, diese überhaupt zu erkennen? Denn eine größere Spannung ist kaum denkbar als die zwischen äußerstem Elend in der Scheinwelt und gleichzeitig Berührung der mystischen Sphäre. Das Erkennen des täuschenden Dualismus, und dennoch nicht imstande zu sein, ihn abzuschütteln.

Durch Monate hindurch begann mich das Ich-Problem

neuerlich zu quälen. Mit dem mir zur Verfügung stehenden Rüstzeug abendländischer und östlicher Philosophien ging ich es immer wieder frisch an. Buddha, der „anattâvâdin“ (der Verkünder des Nicht-Ichs)... Wieder und wieder begann das Denken um die wesentlichste aller Verkündigungen des „dharma“ zu kreisen. Dôgen, der bedeutendste aller Zen-Meister, machte aus der Frage: „Wer bin ich?“ das Kôan seines eigenen Lebens. Was beunruhigt mich also? Das rational unlösbare Problem sollte auch mir dazu hilfreich sein, den Weg in das Irrationale anzutreten.

IX. Kapitel
Das Wetterleuchten

1977 schlossen wir uns, wie erwähnt, einer Pilgerreise ins Heilige Land an. Wir besuchten eine heilige Stätte nach der anderen. – Vor der Klagemauer wurden bereits Vorbereitungen für die Bar Mizwa-Feier getroffen. Für einige junge Burschen, die an diesem Tag ihr 13. Lebensjahr vollendet hatten und die aus allen möglichen Ländern stammten, war das wichtigste Fest ihres Lebens gekommen. Nach der religiösen Zeremonie, die mit dem Lesen der jungen Männer aus der Thora ihren Höhepunkt fand, ging es recht heiter zu. Die Burschen tanzten mit dem Rabbi um die Thora herum. Ich wurde von der Stimmung mitgerissen, begab mich eilends von der Zuschauertribüne hinunter und fügte mich in die tanzende Gruppe ein. Dann sollte etwas Seltsames geschehen.

Das Fest war zu Ende gegangen, und ich wandte mich an den Rabbi. Ich fragte ihn, ob er Englisch spreche. „Das nicht, aber ich sprech' a bissele deitsch". Ich fragte ihn, ob er mir nicht die Broche (Segensspruch) geben wolle. „Wie heißt ihr?" Ich sagte ihm, daß mein Vorname (nur um den ging es) Fritz sei. Mit wenig Begeisterung sprach er zwischen den Segenssprüchen meinen Namen aus. Dann fragte er, ob er nicht auch meiner Frau die Broche spenden solle. Ich war damit gern einverstanden. „Wie heißt euer Weib?" „Sie heißt Ingeborg". „Oji weh!" rief er aus und fügte still hinzu: „Schon wieder so a gojischer Nam!" – Mit womöglich noch weniger Begeisterung sprach er dann die Segenswünsche. „No, und euer Tate?" fragte er schließlich. – „Mein Vater ist schon gestorben." – „Macht nichts; ich geb' ihm auch die Broche. Wie hat euer Tate geheißen?" – „Er hieß Gabriel." Sogleich verklärte sich sein Gesicht, und freudig sagte er: „Was a scheener jüdischer Nam!“ Und diesmal spendete er die Broche mit wahrer Begeisterung.

Diese Geschichte wäre kaum des Erzählens wert, wenn sich nicht wenige Tage danach – und das bereits wieder in Österreich – eine Art Fortsetzung ereignet hätte. Ich hielt in einem katholischen Kloster ein strenges Meditationsseminar ab. Der mit mir befreundete Pater Prior befragte mich nach den Erlebnissen im Hl. Land. So ganz nebenbei erzählte ich von meiner Begegnung mit dem Rabbi. Zu meinem größten Erstaunen beschrieb er mir den guten Mann in allen Einzelheiten und schließlich sagte er: „Also, unseren guten Marcus haben sie getroffen!“ –

„Nein“, sagte ich, „es war ein Rabbi, dessen Namen mir entfallen war.“ –

„Der Karl war's“, sagte er mit einem Schmunzeln. –

„Weder der Karl noch der Marcus; es war ein Rabbi so-und-so.“ –

Da erzählte er mir eine sonderbare Geschichte. Im Weinviertel gab es eine bäuerliche Familie, die seit undenkbaren Zeiten dort angesiedelt war. Unter der Kinderschar ragte ein Junge hervor, der ungewöhnliche Begabungen besaß. Vor allem war er tief religiös. Eines Tages stand er vor der Pforte des Klosters und bat um Aufnahme. Karl, so hieß er, maturierte 1971 und erhielt noch im gleichen Jahr die Einkleidung als Novize. Rund ein Jahr danach legte er die sogenannte „Einfache Profeß“ ab und wurde als „Kleriker“ in das Jesuitenkolleg Canisianum nach Innsbruck geschickt, wo er Vorlesungen an der philosophisch-theologischen Fakultät besuchte. Bruder Marcus – so hieß er inzwischen – unternahm Studienreisen nach Frankfurt/Main und gelangte dort in engen Kontakt zu jüdischen Kreisen, die ihn aus verschiedenen Gründen faszinierten. Er behauptete bereits als Knabe, ein „Jahwe-Erlebnis“ gehabt zu haben, und schwärmte davon, Gott in seiner ganzen Kreatur zu erfühlen. Seine Sprache begann sich zu verändern; sie nahm immer mehr eine jüdische Färbung an. Zuerst hielt man es für eine Marotte, für einen Studentenulk. Er jedoch meinte es hintergründig und wurde immer schweigsamer. – Nach einem neuerlichen Jahwe-Erlebnis verließ er im Juli 1973 die Klostergemeinschaft. Kurz vorher hatte ihn seine Mutter bang gefragt, ob er gar Jude werden wolle. Damals schwieg er noch. – Nun übersiedelte er als Student nach Wien, wo er mit Hingabe Judaistik an der Universität studierte. Wovon sollte er aber leben, da er doch keinen praktischen Beruf erlernt hatte? In einem Kino wurde er Platzanweiser. Durch Zufall (?) wurde er von einem Mitglied der Israelitischen Kultusgemeinde entdeckt. Er konvertierte endgültig und nahm (als Erwachsener, man bedenke!) die rituelle Beschneidung auf sich. Man schickte ihn bald nach Israel, wo er eine ausgezeichnete Ausbildung erhielt. Und schließlich wurde er ultraorthodoxer Rabbi. Und er hat mir und den Meinen vor der Klagemauer die Broche erteilt!

So unbedeutend dieses kleine Erlebnis in Jerusalem auch sein mag, so schwergewichtig, bis zum heutigen Tage für mich unfaßbar, war ein anderes. Den letzten Tag vor unserer Rückreise nach Österreich verbrachten wir in Bethlehem. Es war Sonntag. – Nun muß ich gleich bemerken, daß nicht nur eine anstrengende Pilgerreise hinter uns lag, sondern, und das vor allem, daß die Erlebnisse – von den Golan-Höhen angefangen, über den See Genezareth, Nazareth, den Berg der Seligpreisungen, den Berg Tabor, die Qumran-Höhlen, den Berg Masada, das einzigartige Jerusalem mit seinen vielen, den drei monotheistischen Religionen heiligen Stätten, all das mit ungezählten geistigen Assoziationen beladen, – bereits hinter uns lagen. Ich war völlig erschöpft, die religiösen Eindrücke waren einfach zu viel für mich gewesen. – Wir stiegen in die Geburtsgrotte hinab und betrachteten, mehr mit dem inneren, denn mit dem äußeren Auge, was es zu sehen, zu ahnen, zu erfühlen gab. Wir kehrten ins Kirchenschiff zurück. Da die hl. Messe für unsere Gruppe in der Geburtsgrotte zelebriert werden sollte, hatten wir zu warten, bis diese vom Staub der vielen Pilger gereinigt wurde.

Inzwischen ging es mir aber nicht mehr gut, das Herz war überbeansprucht worden. Noch eine Messe in dem kleinen Raum und das bei Kerzenschein, der den wenigen Sauerstoff weiter reduzieren würde, das war kaum mehr ratsam. Ich bat, mich zu entschuldigen. Unsere Gruppe stieg nun wieder hinab. Ich setzte mich in das große Kirchenschiff, um zu warten. Inzwischen begann auch hier die Messe, doch nach griechischem Ritus. Das aber hatte zur Folge, daß gewaltige Schwaden Weihrauchs sich auf mich zubewegten. Und ich saß in der ersten Reihe. Mir wurde übel. Mit letzter Kraft schleppte ich mich aus dem Kirchenschiff hinaus und wandte mich nach links. Da war ein kleiner Raum, in dem Stühle mit hohen Lehnen standen. Am Ende dieses Raumes führten einige Stufen hinauf in einen Hof. Dort mußte frische Luft sein. Ich schleppte mit letzter Kraft einen der Stühle über die Stufen in den Hof hinein und versank selig darauf. Ich öffnete die Knöpfe meines Hemdes, den Kragen und machte einige Yoga-Atemübungen. Da plötzlich stand vor mir ein noch junger Priester mit seiner hohen schwarzen Kappe, funkelte mich böse an und schrie mir etwas zu, das wahrscheinlich neugriechisch gewesen ist. Ich fragte ihn, ob er vielleicht englisch spreche.

Nun brüllte er wieder: „Yes! This-is-my-chair! Take-it-down-immediately!“

Ich lächelte ihn an und sagte: „My dear brother in Jesus Christ! I feel miserable. Let me sit here for a while and the Lord will bless you for your soft heart. – Benedictus qui venit in nomine Domini.“ Und ich machte das Kreuzzeichen auf seine Stirn.

Er wurde ganz still und sagte bloß: „You sit!“ – Und weg war er.

Dies trug sich wenige Minuten vor 12 Uhr mittags zu.

Da ertönte plötzlich die dünne Stimme einer kleinen silbernen Glocke. Was dann geschah, war unfaßbar; doch sei der Versuch unternommen, es anzudeuten. – Der Raum fiel in sich zusammen! Die Zeit blieb stehen! Unendliches, nie zuvor erlebtes Glücksgefühl durchdrang mein ganzen Wesen. Überweltliches – Überweltliches war in mich eingebrochen! Mein Gesicht – so erzählte man mir später – war ein Tränenmeer. Wenn ich heute, nach so vielen Jahren, darüber nachdenke, so war das silberne Glöckchen nur das auslösende Faktum von Dingen, die sich zuvor angesammelt hatten. Und Zen war – für mich – die große Brücke zu einer allumfassenden, alles umschließenden, einschließenden, daher interkonfessionellen „MYSTIK AN SICH". (Man verzeihe ständige Superlative, doch wie sollte man über Letztes – schon wieder eines! – sprechen? Leider kenne ich keine Superlative, die an sich nicht schon wieder abgegriffen wären. Sollte man eine neue Sprache erfinden? Ist nicht alles bisher Dagewesene kindliches Geplapper?) Solche Gedanken gingen mir erst viel später durch den Kopf, als ich wieder „bei mir" (besser wäre zu sagen: als ich wieder in die Welt der Phänomene zurückgelehrt) war.

Die äußeren Ereignisse gingen inzwischen wie folgt weiter: Die Messe in der Geburtsgrotte war beendigt, meine Frau und alle Freunde stiegen wieder die Treppe hinauf, verließen die Kirche und setzten sich in den wartenden Bus. Meine Frau und meine Freunde, nun bereits etwas beunruhigt, begannen mich in der ganzen Kirche zu suchen. Erst nach längerer Zeit hatte einer der Freunde mich im kleinen Hof entdeckt. Er war über mein Aussehen erschrocken, auch reagierte ich nicht auf seine Anrede. Er holte Hilfe herbei, und man schleppte mich wieder in die Kirche hinein und beim Haupttor hinaus und zerrte mich in den Bus. Natürlich bemühte sich meine Frau rührend und in ängstlicher Sorge, aber auch ahnend, was mir zugestoßen sein mochte, um mich.

Ich blieb Stunden unansprechbar.

Als das Denken in gewohnter Form zu mir zurückkehrte, erkannte ich, daß *jetzt erst* die Zeit beginnen mag, da sich „Religion" in ihren tiefsten Tiefen, ganz von selbst, zu erschließen begann. Dort und damals waren Ort und Zeit, wo eine erste Mystik-Erweckung mich ahnen ließ ... Hier entstand das große Sehnen, noch einmal *„das Erlebnis aller Erlebnisse erleben"* zu dürfen, um eines Tages endlos zu versinken, nie mehr aufzutauchen, nie mehr in die Träume der Scheinwelt zurückzukehren. – Und weiter gingen meine Gedanken. Sollte ich überhaupt über diese Dinge reden, schreiben, sollte ich mir nicht eher an den großen Mystikern der Vergangenheit ein Beispiel nehmen und in Schweigen versinken? Aber auch sie schwiegen nicht immer ... Wie kann ich für mich behalten, was mich zutiefst bewegt? Muß ich es nicht hinausschreien: „Freunde, es gibt etwas! Man nennt es néti-néti. Die Mystiker aller Religionen, aller Zeiten hatten Zugang zu ihm, dem an sich Un-nennbaren, wenn sie ihm auch provisorische Namen verliehen. Und dieses néti-néti ist auch erreichbar! Was ihr tun sollt? Nichts! Wu-wei. Doch hellwach sollt ihr mir bleiben; demütig, geduldig und euere Herzen sollt ihr ganz öffnen! Die ‚Gnade' kommt, glaubt es mir! Aber vor etwas will ich euch warnen. Ihr sollt mir nicht zu früh mit der Mystik beginnen, sonst könntet ihr in einem unbestimmten, diffusen Glücksgefühl umhertaumeln und nach einem heftigen Absturz einen schlimmen Rückfall erleben. Es ist schon so, daß man zuerst durch alle scholastischen Schichten hindurch muß, bis das WUNDER eintritt." – So oder ähnlich wollte ich zu meinen Meditationsschülern sprechen, das beschloß ich.

Zwei Jahre danach schlossen wir uns der nächsten Pilgerreise an. Sie stand unter der geistlichen Führung meines Freundes Dr. Mesrob K. Krikorian, der inzwischen zum Bischof geweiht wurde und uns in das Herz der Armenischen Sowjetrepublik geleitete. – Wir bereisten uralte

Klöster, bewunderten die herrlichen Khatchkar (Steinkreuze) und gelangten schließlich nach Etchmiadzin, wo wir vom Katholikos, dem Oberhaupt der Armenischen Kirche, in Audienz empfangen wurden. Am andern Tag war dem Kalender nach die Feier der Kreuzeserhöhung. Unsere kleine Gruppe wurde links vorne neben dem Altar postiert. In der gesamten Kirche gab es – abgesehen von 3 oder 4 Stühlen vor dem Altar – keine Bänke, noch irgendwelche Sitzgelegenheiten. Die Gläubigen standen oder knieten, so lange die Messe auch dauerte, auf dem nackten Steinboden. Ich beobachtete ergreifende Szenen tiefer Religiosität, wie sie in Mitteleuropa unbekannt sind. Mütter hoben ihre Babys zu den Angeln der Kirchentüren hinauf, die diese ohne weiteres küßten. Die Verinnerlichung vieler Gesichter von Andächtigen war mehr als nur erstaunlich.

Ehe die Messe begann, ging ich in der Kirche umher und kam aus dem Staunen nicht heraus. Schließlich ergriff mich eine tiefe Erschütterung. Nun begann die Messe. Uns gegenüber, also auf der rechten Seite vom Altar aus, nahmen der Chor und die 4 Solisten Aufstellung. Die Sopranistin war einst eine Opernsängerin, die aber jetzt nur mehr „zur höheren Ehre Gottes" ihre Stimme ertönen ließ. Ihr Gesang war unfaßbar schön. Eigentlich sang sie gar nicht, sie enthüllte ihre Seele. Die Altistin hatte eine Stimme, breit wie Öl, überwältigend. Dann der Tenor. Er sah einem Bauernburschen ähnlich. Er stand da im offenen Hemd, über das sich die nackten Hosenträger spannten. Als er aber zu singen begann, vergaß man sein Aussehen, und ich dachte bei mir, daß man ihn ganz gut als Radames bei uns einsetzen könnte. Der Baß schließlich hatte nicht nur eine abgründige Tiefe, sondern auch eine wundervolle Wärme, die er verströmen ließ. Der Chor war so prachtvoll und intonationsfrei, daß man den Eindruck gewann, er bestünde ausschließlich aus Solisten. Das alles jedoch waren Erwägungen, die ich viel später anstellte. Im Augenblick war es einfach Himmelsmusik, die mich emporriß. – Die Messe nahm ihren Fortgang, und plötzlich wiederholte sich, was sich zwei Jahre zuvor in Bethlehem zugetragen hatte.

Dort war es das silberne Glöckchen gewesen, hier die Himmelsmusik, die als auslösender Faktor wirkte. Dahinter aber standen dort wie hier gewaltige religiöse Erlebnisse, die sich aufgestaut hatten und nun alle Dämme durchbrachen.

Ich fühlte den Boden unter mir schwanken. Ein Priester, der mich offensichtlich wegen meiner übergroßen Begeisterung beobachtet hatte, sprang herbei und setzte mich auf seinen Stuhl. Hier hing ich halb ohnmächtig. Ich betone mit Nachdruck, daß sich die Ekstase keineswegs im musikalischen Genuß erschöpfte. Es ging um unendlich Tieferes, dies jedoch zu beschreiben, habe ich immer wieder einen Anlauf genommen und – versagte.

Die Hostie heißt in der armenischen Liturgie Neschchar und besteht aus Mazzot, dem ungesäuerten Brot, ganz so wie auch heute noch in der jüdischen Liturgie üblich. Aus einem großen viereckigen Stück werden kleine Stücke herausgebrochen und an die kommunizierenden Gläubigen verteilt. Neschchar wird sowohl als feierliche Hostie als auch als Agape verwendet. Wie dem immer auch sei: Ein Priester schob mir ein großes Stück davon in den Mund, was meiner heiligen Ekstase offenbar weitere Nahrung gab. Chor und Solisten sangen den Engeln gleich. Ich muß es einfach wiederholen: Es war die reinste Himmelsmusik! Dann versank ich, eingehüllt in einer Wolke unnennbarer, unfaßlicher Glückseligkeit. –

Man rüttelte an mir herum, zerrte mich auf und nieder. – Da kam ich halbwegs wieder zu mir. Ich kann mich noch gut daran erinnern, daß ich die Umstehenden anflehte, man möge mich in der Kirche lassen, für immer! Hier und jetzt wollte ich sterben. Denn ein weiterer Höhepunkt in meinem Leben schien mir undenkbar. – Man zog mich jedoch aus der Kirche hinaus, und mit Gewalt wurde ich damit dem „Leben“ (will sagen: der „Warte-Station“) wiedergegeben.

Diese beiden Episoden meines religiösen Lebens nenne ich „Das Wetterleuchten“: Grelle Blitze, die für eine ganz kurze Zeitspanne die Nacht der Verblendung durchdrangen und die Wirklichkeit glasklar erscheinen ließen. Die Gedanken kreisen weiter um die Ursachen der geistigen Explosionen. Und warum? Weil man eben nichts *mehr* erhofft als eine oder mehrere Wiederholungen solcher Höhepunkte des Lebens. Aber indem man hofft, wünscht, etwas erlangen will, hat man jene Motivationslosigkeit ja bereits begraben, *die* Voraussetzung für das Erlebnis ist. –

Aber Gedanken wird man sich doch wohl machen dürfen, worin die auslösenden Faktoren bestanden. Vielleicht ist es so, daß es Menschen gibt, die religiös besonders sensibel sind und die Fähigkeit besitzen, mit unsichtbaren Antennen die Abermillionen von Gebeten, die an heiligen Orten deponiert wurden, aufzunehmen. Gleichviel. Ich will nicht weiter grübeln und ganz einfach dankbar sein. Unendlich dankbar . . .!

X. Kapitel
Das Mystische, das Heilige und – der Psychiater

Nach den beiden größten Erschütterungen meines bisherigen Lebens in Bethlehem und in Etchmiadzin wandte ich mich neuerdings den großen Mystikern der Vergangenheit zu. Diesmal waren es jene Lichtgestalten, die uns die monotheistischen Religionen schenkten und die ich vernachlässigt hatte. Ich wollte ihre Bekenntnisse – soweit es mir überhaupt möglich war – überprüfen (eine Anmaßung, ich weiß) und diese in Bezug bringen zu meinen fernöstlichen Erkenntnissen, mehr noch: Zu meinen eigenen, bescheidenen Erfahrungen. Daß es mir nicht gelang, mich tatsächlich nur auf jüdische, islamische und christliche Mystik festzulegen, wird denjenigen nicht verwundern, der mich kennt. Und so wurde zwischendurch auch hinduistische, taoistische und buddhistische Mystik wieder lebendig, die alle zusammen eine herrliche Harmonie ergaben. Scheltet ihr mich deshalb immer noch einen Synkretisten, wenn ich ewige Wahrheiten in allen Kulturbereichen suche und beglückt auch aufspüre? –

Dabei kommt mir Alan Watts in den Sinn, einer der geistvollsten und auch humorvollsten Mystiker unseres Jahrhunderts: „Es müßte möglich sein, hinter die Kulissen des wörtlichen Dogmas, in die innere Bedeutung der Symbole einzudringen, dorthin, wo Meister Eckhart und Shankara, die hl. Teresa und Ramakrishna, der hl. Dionysius und Nâgârjuna die gleiche Sprache sprechen.“ (Vgl. A. Watts: „Zeit zu leben“).

Durch 25 Jahre hindurch habe ich mir eine Anthologie einzigartiger Texte von Mystikern aller Weltreligionen angelegt und bewahre darin kostbarste Juwelen auf. Ich will nun mein Schatzkästchen etwas öffnen und Bekenntnisse aufbereiten, die mir besonders lieb geworden sind und die mit ihren Andeutungen mir am ehesten an den unaussprechlichen Kern der Mystik heranzukommen scheinen, Texte, die ich zu meditativen Einstimmungen ungezählte Male verwendete, von denen man nie genug bekommen kann, in die man immer tiefer hineinfällt, die, so würde ein Zen-Jünger sagen, nicht für den Kopf, sondern für das Herz, nicht für das Herz, sondern für den „o'Hara“ (wörtlich: der geehrte Bauch, die Wesensmitte) bestimmt sind.

Beginnen wir mit einigen der unschätzbaren Diamanten, Rubine, Saphire aus der *christlichen Mystik.* – In großer Liebe und aufrichtiger Bewunderung nahm ich die Weisheitsworte des heiligen Augustinus (354–430) in mich auf. Er sprach Gedanken aus, die weit über scholastische Begrenzungen hinausreichten und kühn in mystische Bezirke vordrangen. Vorerst ein einfaches Wort, das weit über dogmatische Engen hinauswies: „Sagen wir nicht, daß wir die Wahrheit schon besitzen, du und ich, sondern, daß wir gemeinsam auf der Suche nach ihr sind.“ –

Augustinus übte scharfe Kritik an denen, die die eigene Deutung von Wahrheit als die einzig wahre behaupteten . . .; dies sei Selbstüberhebung! Denn sie bestehen auf ihrer Deutung der Wahrheit nicht aus Liebe zu ihr, sondern nur weil sie verliebt sind in die eigenen Gedanken . . . Wahrheit sei ihr Privatbesitz. Wahrheit aber ist unausschöpflich, unauslotbar. „Ein abgründiges Geheimnis ist sich der Mensch. Selbst noch seine Haare . . . sind leichter zu zählen, als was sich regt und bewegt in seinem Herzen.“ –

Besonders erstaunlich ist der nächste Ausspruch, weil er letzten Endes damit in die gleiche Richtung weist wie die fernöstlichen Mystiker, die die Bedeutung des Wortes auf „upâya“ einschränken: „In dieser Welt ist das Wort der Verkündigung wie der Bibel nichts anderes als ein *‚not-*

wendiges Hilfsmittel'... Nur den Schall von Worten bringe ich an euer Ohr. Welchen Sinn hat also mein Sprechen, wenn nicht DER offenbart, der in euerem Inneren wohnt?" –

Der nächste Gedanke klingt wie sein persönliches Kôan: „Wer bin ich? Ich werde mir immer mehr zum Rätsel." – Daß der Einblick in die letzte Wirklichkeit mit überirdischer Glückseligkeit verbunden ist, dies erkennt Augustinus genauso wie viele Ch'an- und Zen-Meister Chinas und Japans, wenn er vom „... kurzen Moment der inneren Schau" spricht, die verbunden ist mit Freude, die einen Vorgeschmack des Himmels bedeutet. –

Augustinus wurde auch zuweilen von Gedanken gequält, ob er in ewiges Schweigen versinken dürfe: „Sollen wir schweigen? Wenn es doch erlaubt wäre ..., denn worüber Worte gemacht werden können, das ist nicht unaussprechlich. Gott aber ist unaussprechlich." –

Wir wenden uns nun von diesem vielleicht größten aller christlichen Weisen und Mystiker des Altertums ab und dem Pseudo-Dionysios (6. Jhd. n. Ch.) zu. – Auch er rang mit den Worten, sollte er Letztes zum Ausdruck bringen. Er erkannte die Gefahr, die darin liegt, von einer Wort-Übersteigerung in die andere zu fallen. Und deshalb sagte er, daß in der mystischen Theologie sich die superlativen Aussagen häufen, wie „jenseits allen Lichts ...", „jenseits sogar des Nicht-Erkennens", „... überhelle Dunkelheit des Schweigens." – Dionysios gibt Unterweisungen nur für „Eingeweihte", die „allein die inadäquaten Wege der Bilder verlassen (!), um jenseits von Ja und Nein (!) zu sein." – Seine gewagten Lehren bestanden darin, daß er empfahl, alles zu übersteigen, selbst die „Gottheit" (!). Aber Dionysios ging noch einen Schritt weiter, indem er empfahl, daß man selbst die Verneinung zu überschreiten habe. – Der „überweltliche Gott" gebe sich nur durch den Weg des Nicht-Wissens zu erkennen.

Wie fern von aller geistigen Spekulation klingt doch ein

Wort des „Poverello“, Francesco d’Assisi (1182–1226): „Der Mensch weiß nur, was er verwirklicht. Er häufe keine Bücher auf.“ –

Meister Eckhart (ca. 1260–1328) war der Meinung, daß ein Mystiker – wenn überhaupt! – erst in zweiter Linie Theologe sein sollte. – Seine Mystik ist in einem seiner Sätze besonders deutlich spürbar: „Wann steht man in bloßer Vernunft? Ich sage es dir: Wenn man ein Ding vom anderen unterscheidet. Und wann ist man über der bloßen Vernunft? Das sage ich dir auch: Wenn man alles in allem erkennt“. –

Nun ein eher in heitere Worte gekleideter Ratschlag des Meisters: „Ein Mensch hat viele Häute in sich, welche die Tiefen seines Herzens bedecken. Der Mensch weiß sehr viele Dinge. Sich selbst aber kennt er nicht. Ja, 30 oder 40 Häute wie jene eines Ochsen oder eines Bären und ebenso dick und hart bedecken die Seele. Geht in euren eigenen Grund ein und lernt da, euch selbst zu erkennen!“ –

Wie sehr Eckhart die Meeresstille des Gemüts schätzte, geht aus einem anderen seiner Lehrsätze hervor: „Entziehe dich der Unruhe äußerer Werke! Fliehe weiterhin und verbirg dich vor dem Gestürm innerer Gedanken. Es reicht nicht aus, vom Handeln abzulassen und sich in einer Klosterzelle oder in die Stille einer Kirche zurückzuziehen. Sogar die Gedanken im Inneren des Menschen müssen beruhigt werden. Alle Stimmen und Laute, die müssen fort, und es muß eine lautere Stille dasein, ein Stillschweigen.“ – Die Versenkung ist wichtiger als das Sammeln von äußerlichem Wissen: „Mein lieber Mensch, lerne vorerst dich selbst erkennen; das ist dir besser, als wenn du alle Kreatur kenntest.“ – Ergreifend ist seine Lehre von den Stufen der Freiheit: „Der Geist soll also frei sein, daß er an allen nennbaren Dingen nicht hange. Ja, er soll noch freier sein: also frei, daß er für all seine Werke keinen Lohn erwarte von Gott. Die allergrößte

Freiheit soll aber dies sein, daß er all seine Selbstheit vergesse und mit allem, was er ist, in den *grundlosen Abgrund seines Ursprungs zurückfließt.*" –

Wie unfaßbar kühn war doch Eckhart, wenn es ihm darum ging, alle anthropomorphen Ideen, die man nur von Gott haben könnte, über Bord zu werfen. Gewiß, er war Dominikaner-Mönch. Doch was machte ihm das schon aus, wenn es darum ging, aus seiner mystischen Schau zu berichten: „Du sollst Gott lieben, wie er ist: Ein Nicht-Gott, ein Nicht-Geist, eine Nicht-Person, ein Nicht-Bild; mehr wie ein lauteres klares Eins, von aller Zweiheit gesondert, und in diesem Eins sollen wir ewig vom Nichts zum Nichts versinken."

Johannes Tauler (1300–1361) predigte in wunderbarer Weise die Selbstaufgabe: „Wer allein dahin käme, diesen Grund des Erkenntnis seines eigenen Nichtseins zu erreichen, der hätte den nächsten, kürzesten, den geradesten, sichersten Weg zur höchsten und tiefsten Wahrheit gefunden, die man auf Erden erreichen kann. Diesen Weg einzuschlagen, ist niemand zu alt oder zu schwach, auch nicht zu einfältig oder zu jung, nicht zu arm oder zu reich. Dieser Weg lautet: Ich bin nichts! – Ach, welch unaussprechliches Leben liegt in diesem ICH BIN NICHTS!". –

Es gab einen Mystiker, dessen Anonymität niemals aufgehellt wurde und der gleich Tauler im 14. Jahrhundert gelebt hatte. Wir nennen ihn den Meister der „Wolke des Nichtwissens". Er war ein leidenschaftlicher Bekenner der Mystik und wagte sich in seiner negativen Beurteilung der Scholastik weit hinaus: „Theologische Gelehrsamkeit ist spiritueller Erfahrung eher hinderlich." –

Die herrliche Teresa von Avila (1515–1582), die den Verstand als „lästigen Narren" schalt, hat einmal ihre mystische Einsicht in folgende Worte gekleidet: „Was die Seele versteht, ist ein Verstehen ohne Verstehen."–

Juan de la Cruz (1542–1591) meint: „Willst du alles wissen, verlange nichts zu wissen". – „Die Güter Gottes, die über alle Maßen sind, können nur in einem leeren und einsamen Herzen Platz finden." –

Angelus Silesius (1624–1677): „Die zarte Gottheit ist ein Nichts und Übernichts / Wer nichts in allem sieht, Mensch, glaub, dieser siecht's." –

Zuletzt noch einige der tiefsten Aussprüche eines großen christlichen Mystikers unserer Tage, des Benediktiner-Mönchs Henri le Saux (1910–1973), der in Indien, dem Lande seines Wirkens, den Namen Abhishitanada annahm, und sicherlich bis an die äußersten Grenzen der von einer Amtskirche gerade noch zu tolerierenden Be- und Erkenntnisse ging. Le Saux wagte sich in seinen Formulierungen noch weiter als seinerzeit Eckhart vor und bekannte damit einen gewaltigen Mut. Die Zeit bleibt bekanntlich nicht stehen, auch nicht für die Amtskirche, die zugegebenermaßen sich mit zwar vordergründigeren, wenn auch tiefreichenden Problemen zu beschäftigen hat als etwa mit einer Verifizierung echter mystischer Erlebnisse. Le Saux war einer der bedeutendsten „Brückenschläger" zwischen dem Orient und dem Okzident, der es wahrlich verdiente, aufmerksam studiert zu werden. – Worum es ihm ging, könnte in einem Satz ausgedrückt werden: Es ging ihm um das Überschreiten aller religiöser Begrenzungen. – Jahre hindurch litt er unter einer geradezu unerträglichen Spannung durch zwei Lehren, die vorerst unüberbrückbar schienen: Hier die von advaita (der hinduistischen tiefsten Erfahrung von der Nicht-Zweiheit), dort die von Jesus Christus. Erst als sein Leben sich dem Ende zuneigte, gelang es ihm, beide zu transzendieren und in vollständige Harmonie zu bringen. Daß diese übermenschlichen Anstrengungen dazu beigetragen haben, daß sein Körper vorzeitig zerbrach, wen könnte es wunder nehmen?

Le Saux gab seinem Lieblingsjünger Marc Chaduc im Juni 1973 an den Ufern des Ganges eine doppelte Mönchsweihe („dîksâ"), die er als ökumenische Initiation verstanden wissen wollte. Einen Monat danach erlitt er einen Herzinfarkt, den er als sein „höchstes spirituelles Abenteuer“ bezeichnete, wobei er nach seinem Erwachen einen Zustand beschrieb, der jenseits von Tod und Leben sei. Infolge dieser überstarken Erfahrung zerbricht sein Leib, er stirbt im klarsten Bewußtsein am 7. 12. des gleichen Jahres und ging damit ins mahâsamâdhi ein.

In seinem geistlichen Tagebuch bezeugt er seine „spirituellen Abenteuer“: „Die Gefahr, als Brücke zu leben, besteht darin, daß man riskiert, zu keiner Seite zu gehören, während man doch zu beiden Seiten ganz gehören muß, so schwierig es auch sein mag.“ (Wie mußte ich da an meine Erfahrungen im Kloster Beuron denken!) – „Der Mensch, der sich auf die Pilgerschaft zu den Quellen des Seins begibt, geht wahrhaft ins Unbekannte. Dies ist die innere Pilgerschaft der indischen Tradition.“ – „In der letzten Erfahrung hat der Mensch alle Antinomien überstiegen, auch die grundlegenden: Leben/Tod, Sein/Nichtsein, Erkenntnis/Nicht-Wissen.“ –

Henri le Saux war davon überzeugt, daß sich verschiedene spirituelle Traditionen in ihrer reinsten und höchsten Form begegnen müssen. – „Man muß in den Grund des Abgrunds hinabsteigen, um am anderen Ufer zu erwachen.“ – Die schweigende Meditation ist das geeignetste Mittel ... Dem Erwachen „zum anderen Ufer“ geht notwendig der Tod voraus, nicht der physische, sondern der mystische, der „große Tod“, in dem dem Menschen alles entzogen wird.

– Am 10. 9. 1973 bezieht sich le Saux nochmals auf seinen Herzinfarkt: „Wirklich, eine Tür öffnete sich im Himmel, als ich am Straßenrand lag. Aber ein Himmel, der nicht das Gegenteil der Erde ist, etwas, was weder Leben noch Tod ist, sondern einfach „Sein“, „Erwachen“ ... jenseits aller Mythen und Symbole.“

Nun einige wenige Beispiele aus der *islamischen Mystik.* Ihre Bekenner nennen sich SUFI[11]. Der Dichter-Heilige Kabir war nicht nur Moslem, sondern stand auch dem Hinduismus nahe: „Betrachte nur Eins in allen Dingen, denn es ist das Zwei, das dich irreführt.“ – Gobran: „Ihr möchtet wissen um das Geheimnis des Todes / Doch wie solltet ihr es entdecken, so ihr nicht danach forscht im Herzen des Lebens? / Die Eule, deren auf die Nacht beschränkte Augen am Tag erblinden, vermag nicht das heilige Geheimnis des Lichtes zu entschleiern. / So ihr wahrhaftig den Geist des Todes erschauen wollt, öffnet weit euer Herz dem Leib des Lebens. / DENN TOD UND LEBEN SIND EINS, SO WIE FLUSS UND MEER EINS SIND ... Denn was bedeutet Sterben anderes, als nackt im Winde stehen und in der Sonne zerfließen? ...“ –

Nizami, ein persischer Dichter, läßt uns einen Augenblick in seine mystischen Erkenntnisse einschauen: „Ein Blitz ist der Mensch, der geboren wird und dahinstirbt und nicht nach Dauer suchen soll im Haus des Leids. Setze dich hier nicht zur Ruhe, wo alles um dich vergeht, denn es würde dir später nur leid tun. Wenn du aber deinen Tod schon im Leben stirbst und dich losreißest von dieser Welt, die ein Dämon ist mit dem Gesicht eines Engels, so wirst du teilhaben an der Ewigkeit. Du selbst bist dein Schicksal, dein Leben und dein Tod. Dein Geheimnis verrät das Echo vom Berg: Es enthüllt nur, was du ihm zuvor anvertraut hast.“ –

Du'n-Nun al-Misri wird vom Prinzen gefragt: „Was ist der Weg zu Gott?“ Er entgegnet: „Es gibt den kleinen und den großen Weg. Welchen willst du? Willst du den kleinen Weg, dann verlaß die Welt mit ihrer Fleischeslust und gib das Sündigen auf. Willst du aber den großen, dann gib alles außer Gott auf und entleere dein Herz von allen Dingen.“

Al-Ghasali dagegen hat uns mit der Metapher des Traums beglückt: „Glaubt man nicht auch im Schlafe fest an die Wirklichkeit und Richtigkeit des Erlebten, bis das Erwachen die Nichtigkeit der Traumgebilde erweist? Wäre nicht ein Zustand denkbar, der sich zu unserem Wachsein so verhielte wie das Wachsein zum Traum, so daß unser Wachsein zu ihm nur ein Traum wäre? – Loslösung von der Welt und alleinige Ausrichtung auf Gott: das ist die Grundforderung der Sufis."

Die *jüdische Mystik des deutschen Mittelalters* hat den Sohar („Buch des Glanzes") hervorgebracht, ein wahrhaft faszinierender Text, der um 1275 bereits im Herzen Kastiliens entstanden sein mag. Der oder die Autoren sind bis zum heutigen Tage unbekannt geblieben. Nun zwei Beispiele aus den theosophischen Lehren des Sohar. „Von den tieferen Stufen des göttlichen Seins möge man bis in die Tiefen des Nichts hinabsteigen." Und: „Für das Auge des Tiefersehenden ist jede Isolation (der Dinge) nur scheinbar. Wenn man die Dinge in der mystischen Meditation betrachtet, so stellt sich alles als eins heraus."

Von der *ostjüdischen Mystik,* die von den Chassidim im 18. Jahrhundert geübt wurde, nur zwei Beispiele, die uns Martin Buber vermittelte. – Von einem Meister wird erzählt, er habe in Stunden der Entrückung auf die Uhr sehen müssen, um sich in dieser Welt zu erhalten; und von einem anderen, er habe, wenn er die Einzeldinge betrachten wollte, eine Brille aufsetzen müssen, um sein geistiges Sehen zu bezwingen: „... denn sonst SAH ER ALLE DINGE DER WELT ALS EINS." – Aber die höchste Stufe, von der berichtet wird, ist die, auf der der Entrückte der eigenen Inbrunst entgleitet. Als ein Schüler einmal eines Zaddiks „Erkalten" bemerkte und tadelte, wurde er von einem anderen belehrt: „Es gibt ein sehr hohes Heiligtum; wenn man dahin kommt, wird man allen Wesens los und kann nicht mehr entbrennen." So vollendet sich die Inbrunst bei der eigenen Aufhebung.

Wir lösen uns nun von der monotheistischen Mystik und wenden uns ihren fernöstlichen Verwandten zu. Vorerst ein Blick in die Abgründe *hinduistischer* Erkenntnisse. – Beginnen wir mit den frühen „upaniśad". Sie beschreiben das absolute Eins als ein überweltliches Nichts. – Es folgen zwei wundervolle Sprüche anonymer Weiser: „Der inbrünstig Suchende ist jener, der in seinem Herzen die Zwillingsströmungen der Liebe und der Loslösung mengt, wie sich die Ströme Ganges und Dschamna vermengen." – „Die Ewigkeit innerhalb der Zeit wahrzunehmen, bedeutet das samsâra als eins mit dem nirvâna zu erkennen." – Ramakrishna schilderte einmal einer Nonne seine mystischen Erfahrungen, worauf sie sagte: „Mein Sohn, in dieser Welt ist jeder ein Narr. Die einen sind Geld-Narren; andere sind Narren der Sinnlichkeit; andere wieder sind Narren des Luxus und der Berühmtheit. Du, du bist ein Narr Gottes!" – Ramakrishna errichtete eines Tages im Walde einen kleinen Altar, entzündete das heilige Feuer und lehrte, daß alle Endlichkeit sterben müsse, bevor das Unendliche aufgehen könne.

Der *taoistischen Mystik* haben wir schon mehrmals Platz eingeräumt. Drei kurze Aussprüche des unvergleichlichen Chuang-tse sollen dennoch angeführt werden. „Wenn ich von einem Menschen ohne Affekt rede, meine ich einen, der dem Guten und Bösen nicht erlaubt, sein inneres Gleichgewicht zu stören, sondern eher mit den Geschehnissen Schritt hält und die SUMME SEINER STERBLICHKEIT NICHT NOCH STEIGERT." – „Die ‚Wahren Menschen' der alten Zeit kannten weder die Liebe zum Leben noch den Haß auf den Tod. Der Eintritt ins Leben war für sie kein Anlaß zur Freude; der Austritt aus ihm rief keinen Widerstand hervor. Sie kamen und gingen in Gelassenheit. Sie vergaßen nicht ihren Anfang, noch fragten sie nach ihrem Ende. Sie nahmen (ihr Leben) hin und freuten sich daran; sie vergaßen jegliche Furcht (vor dem Tod) und kehrten zurück (zu ihrem Zustand vor ihrem Leben). Es lag also fern von ihnen, dem TAO zu widerstreben und den geringsten Versuch zu machen, mit menschlichen Mitteln dem Göttlichen Widerstand zu leisten." „Du hast es gewagt, als Mensch geboren zu werden und bist voll Entzücken darüber. Doch dieser Körper ist Myriaden von endlosen Wanderungen unterworfen, und gibt dies nicht Anlaß zu unsäglicher Freude?[12] Daher genießt der Weise das, wovon er nie getrennt werden kann und was alle Dinge enthält. Er sieht sowohl einen frühen Tod als auch ein langes Leben, seinen Anfang und sein Ende als gut an, und darin folgen ihm andere Menschen. Um wieviel mehr werden sie dem (TAO) folgen, von dem alle Dinge abhängen und jegliche Wandlung entspringt?"

Zuletzt wollen wir *buddhistische,* und hier wieder vorwiegend *zenistische* Bekenntnisse beibringen und alle diese im Geiste den Aussprüchen von Mystikern anderer „Konfessionen" gegenüberstellen. – Ein uraltes Weisheitswort des Fernen Ostens: „Betrachte Ruhe in Bewegung und Bewegung in Ruhe. Denn Bewegung und Ruhe, sie sind nur eine täuschende Zwei!" – Ein Meister lehrte, daß man sich selbst der Wahrheit gegenüber übergegensätzlich zu verhalten habe. Man müsse über Hingabe und Widerstand, über Annehmen und Verwerfen kommen; nur so ist die vollständige Subjekt-Objekt-Identität des Erlebens möglich. –

Eher vordergründig und doch weise klingen die 150 Gedichte jenes anonymen Meisters, der sich Han Shan nannte und der wahrscheinlich um die Mitte des 7. Jahrhunderts lebte. Zur meditativen Einstimmung davon 4 Proben. Zuerst das 10. Gedicht: „Nördlich der Stadt lebte Gevatter Chung. In seinem Haus gab es stets reichlich Wein und Fleisch. Damals, als seine Frau gestorben, war seine Halle berstend voll von Trauergästen. Nun ist der Alte selbst dahingegangen. Nicht EIN Mensch kam, ihn zu beweinen. Die seine Becher leerten und seine Braten verschlangen, was haben sie doch für ein kaltes Herz!" – Das 18. Gedicht: „Nicht einmal 100 Jahre lebt der Mensch, doch hegt er ständig Kummer wie für 1000 Jahre. Von eigenen Gebrechen kaum erholt, beladen Kind und Enkel ihn mit neuen Sorgen." – Das 80. Gedicht: „Zwischen den tausend Wolken, abertausend Wassern, da lebt in Seelenruhe ein Poet. Tagsüber wandert er durch blaue Berge, abends zurückgekehrt, ruht er am Fuß der Klippe. Frühling und Herbst, die fliegen rasch vorüber. Zur Ruh gekommen, sammelt er keinen Staub. Herrlich fürwahr, an nichts mehr festzuhalten. Still, wie des großen Flusses Herbstfluten." – Schließlich das 109. Gedicht: „Mein Körper, existiert er oder nicht? GIBT ES EIN ICH ODER GIBT ES KEIN ICH? Vertieft in die Ergründung solcher Fragen, sitze ich an den Felsen gelehnt, während die Zeit verrinnt. Zwischen dem Zaun sprießt das grüne Gras, auf mein Haupt setzt sich der rote Staub. Schon kommen Menschen aus der Welt, Früchte und Wein an meinem Totenbett darzubringen." –

Wer der irrigen Ansicht wäre, daß alle Aussagen nur einen relativen Wert darstellen, wer in dieser Annahme weiterginge und meinte, daß Relativität schließlich das Endprodukt der Weisheit darstellte, der wird von einem Meister also belehrt: „Relativität ist erst EIN Aspekt der Wirklichkeit, und nicht mehr!" – Wie also sollte man vorankommen? „Alle Meister lehrten, daß wahres Wissen Nicht-Wissen ist. Und warum? Weil die letzte Wirklichkeit eigenschaftslos und keine Sache ist." –

Kultivierte Menschen hinterlassen (traurig müssen wir uns verbessern: „hinterließen") im Fernen Osten Todes-gâthâ, Erleuchtungsgedichte. Auch davon sollen einige Proben angeboten werden, die zur meditativen Einstimmung ebenfalls sehr geeignet erscheinen. Die Todes-gâthâ des vietnamesischen Meisters Van Hanh (1018): „Der Leib ist dem Schatten bei Sonnenuntergang vergleichbar; der blaue Baum und das grüne Gras, frisch noch im Frühling, vertrocknet im Herbst. Es ist besser, sich nicht um das Auf und Ab in der Welt zu kümmern. Alles ist gleich Tautropfen auf einem Grashalm." – Uesugi Kenshin: „Selbst ein lebenslanges Glück ist nur eine Schale Reiswein. 49 Jahre sind vorbei wie ein Traum. Ich weiß nicht, was ist Leben, was ist Tod. Jahrein – jahraus: Es ist alles nur ein Traum!" – Saigyô: „Keine Seele besucht meine Hütte. Nur des Mondes befreundetes Licht, der über die Wälder hervorspäht. – Eines Tages werde ich – ach – aus dieser Welt hinscheiden. Doch ewig verlangt mein Herz nach dem Mond, nach dem Mond." – Dôgen: „Der Morgensonne harrt der Tau auf Blatt und Gras und schmilzt dahin. – Ach, wehe doch nicht so eilig, Herbstwind, über der Heide." – Und nochmals Dôgen: „O diese Welt – womit kann ich sie wohl vergleichen? Mit dem Spiegelbild des Mondes in einem Tautropfen, glitzernd am Schnabel der wilden Ente." –

Es folgen noch einige Weisheitsworte aus meiner Anthologie. Zuerst Basui (wörtlich: „Hoch über dem Durchschnitt"): „Wenn man die Welt als Traum ansieht, wird man Jammer entfliehen und keine Freude begehren. Man wird still und friedvoll ... Das Wesentliche bei der Erleuchtung: daß das Ich zunichte gemacht wird ... Man habe Mut zu gehen, ohne zu wissen wohin ..." –

Aus einem Brief, den Basui an einen Sterbenden richtete: „Das Wesen deines Geistes ist ungeboren, also wird es auch nicht sterben. Es hat keine Existenz, die untergehen kann. Es ist auch keine Hohlheit, die nur leer ist. Es hat weder Farbe noch Form. Es erfreut sich weder an Vergnügungen, noch leidet es Schmerz. – Ich weiß, daß Du sehr krank bist. Einem guten Zen-Schüler gleich, trittst Du der Krankheit mit Gleichmut gegenüber. Du magst nicht genau wissen, wer da leidet, aber prüfe Dich selbst: Was ist das WESEN DIESES GEISTES? Denke nur daran, und Du brauchst nichts weiter. Begehre nichts. Dein Ende, das ja endlos ist, ist einer Schneeflocke, die in reiner Luft dahinschmilzt, vergleichbar." –

Wie sehr man gegen die Allmacht von Worten und Begriffen Vorbehalte äußerte, dafür legt am besten Ôhasama Zeugnis ab: „Alle Worte sind nicht nur falsch, sondern sogar schädlich." – Ein fernöstliches Sprichwort, absurd in den Ohren des Abendländers klingend, lautet: „Wer auch nur einmal ‚Buddha' sagt, der muß sich 3 Jahre lang den Mund waschen." Ferner heißt es, daß weder im Reden noch im Schweigen die Erleuchtung liegt, sondern in der Selbstaufgabe. Nicht nur alle Worte, selbst die Versenkung müsse aufgegeben werden. Erleuchtung ist wie der hellichte Tag, das Leben des Unerleuchteten jedoch wie ein Traumdasein. Worterklärungen sind dem Sprechen von Träumern gleich, die ihren Traum erörtern. Erst wer ÜBER Sprechen und Schweigen erhaben ist, ist am Ziel. Vorher müsse man üben. –

Da kommt mir wieder das Ich-Problem in den Sinn, das man wie einen Kôan behandeln könnte. Als Dôgen Zenji ... beobachtete, wie sich ein herabbrennendes Räucherstäbchen in Asche verwandelte, während er neben dem Körper seiner toten Mutter kniete, entstand in ihm in der Erkenntnis des Dahinschwindens allen Seins das Kôan: „Wer bin ich?" – Um bei Dôgen zu bleiben: „Das Selbst wahrlich zu verstehen bedeutet, das Selbst zu vergessen; das Selbst vergessen bedeutet, von allen Dingen erleuchtet werden." –

Eine wundervolle kleine Geschichte über die Absolutheit: „Ninagawa war im Begriff zu sterben, als ihn der Zen-Meister Ikkyu besuchte. ‚Soll ich dich führen?' fragte Ikkyu. Ninagawa antwortete: ‚Ich kam hierher allein und ich gehe allein. Welche Hilfe könntest du mir geben?' Ikkyu antwortete: ‚Wenn du denkst, daß du tatsächlich kommst und gehst, so bist du verblendet. Laß mich dir den

Weg zeigen, wo es kein Kommen, kein Gehen gibt.' – Mit diesen Worten hatte Ikkyu so deutlich den Pfad enthüllt, daß Ninagawa lächelte und – starb." – Eng verbunden damit ein Weisheitswort des Zen: Zen bedeutet, seine wahre Natur erkennen, die weder der Geburt noch dem Tode unterworfen ist. Was ist Kenshô? Die Wesensschau? Durch Kenshô erreicht man den innersten Kern seiner selbst, man erlangt seine Lebenswurzel und taucht auf den Grund des Lebens hinab und berührt so die Quelle des Seins. Kenshô ist die Auflösung der Illusion des Ich-Komplexes, verbunden mit überwältigender Freude, völliger Sicherheit und restloser Befreiung von aller Furcht und allem Zweifel. – Sôen Shaku hat in diesem Zusammenhang seinen Worten einen leicht poetischen Schimmer gegeben: „Die Aufgabe der Meditation ist nicht schwer; sie ist ein Weg, dich zu der seit langem verlorenen Heimat zu führen." – Es hat Zen-Meister gegeben, die sich tatsächlich herbeiließen, ihren Erleuchtungserlebnissen Ausdruck zu verleihen. Als einziges Beispiel lassen wir Kao-fêng zu uns sprechen: „Ich fühlte, als ob dieser endlose Raum in Stücke gebrochen und die große Erde dahingeschwunden sei. Ich vergaß mich selbst. Ich vergaß die Welt. Ich war gleich einem Spiegel, der einen anderen Spiegel widerscheint . . .". –

Nun ein Wort des großen *tibetischen Mystikers* Milarepa: „Alle weltlichen Ziele haben nur ein unvermeidbares Ende im Leid: Aufbau in Zerstörung, Begegnung in Trennung, Geburt in Tod. Darum geht daran, die WAHRHEIT JENSEITS VON GEBURT UND TOD zu erfahren." – Welches Beispiel wäre als Abschluß zu unseren Kostproben aus der reichen mystischen Erfahrung der Weltreligionen geeigneter als ein winziger Satz aus der vielleicht tiefsten aller buddhistischen Lehrpredigten, dem Avatamsaka sûtra? *„Im ES gibt es kein Gehen, kein Kommen, kein Bleiben."*

Gibt es etwas Faszinierenderes, als dem Wesen des Heiligen oder dem Wesen eines wahrhaft großen Mystikers nachzuspüren? – Was hatten diese bedeutendsten, diese edelsten Wesen der Menschheit in der Vergangenheit nicht alles zu erleiden gehabt! Man denke nur an die Vernichtungsarbeit der sogenannten „Fundamentalisten" (und nicht nur der islamischen!). Aus buddhistischer Sicht würde man sagen, daß ein solch begnadeter Mensch „in der Meeresstille des Gemüts" verharrt. Wenn aber diese seine „Meeresstille" bedroht ist, wenn die Brandungen der Tagesereignisse an ihn herandonnern, wie verhält er sich dann? Konkret: Wie begegnet er dem Greuel und Elend des Kriegs? Dem Unglück, der Verzweiflung des einzelnen? Kann es überhaupt für irgend jemanden, vor allem für den Heiligen und den Mystiker, reines Glück geben? Oder ist es so, daß diese Auserwählten sich in einem Elfenbeinturm einschließen, um das Glück in der *Vereinigung mit dem Höchsten* zu genießen? Ein fernöstlicher Mystiker weiß, daß er sich in einem düsteren Traum befindet und sich nach Kräften bemühen wird, diesen zu einem guten Ende zu bringen. Als erfahrener Träumer weiß er aber stets um die Beendigung des Traums, aus dem er – kurzfristig – in den Wachzustand kommt. Wenn auch stets rückfällig, verliert er niemals mehr den Geschmack der Wirklichkeit. Genügt ihm das aber? Ich will damit sagen, daß es sich wahrscheinlich so oder ähnlich verhält; aber ist damit die Frage beantwortet, ob der Mystiker den Elfenbeinturm verläßt? Ich denke, die Frage ist falsch gestellt; von der anderen Seite her jedoch, von der des Träumers und des Traumes, berechtigt und verständlich. – Untersuchen wir drei Beispiele: den christlichen Heiligen, den frühbuddhistischen „arahat" und den spätbuddhistischen „bodhisattva". Jeder wahre Mystiker erkennt dabei den Hintergrund seiner Religion, von der aus er sich in die höchsten Gefilde erhebt; zuweilen wird er alle konfessionellen Begrenzungen hinter sich lassen.

Der christliche Heilige wird, so er furchtbarem Leid begegnet, beten und versuchen das Leid zu lindern, und unter Umständen sogar sein eignes Leben opfern. –

Der „arahat“, der Gier-, Haß- und Wahnerlöste, wird „mettâ“ (Liebe, Güte) ständig ausstrahlen und selbst in „upekkhâ“ (erhabenem Gleichmut) verweilen und damit („nur mehr“) ein Beispiel geben. Er wird sich allein nach dem „dhamma“ ausrichten: Tun des Guten, Meiden des Bösen, das Herz in jedem Augenblick seines Lebens rein halten: dies gilt ihm als Orientierungshilfe, als Wegweiser. – In das Getriebe der Welt greift er jedoch nicht mehr ein. Er würde nicht einmal eine gefangene Fliege aus dem Spinnennetz befreien, da dies dem „karma“-Gesetz widerspräche. Einerseits hütet er sich davor, das abzutragende karma eines Wesens abzukürzen und damit etwa dessen „samsâra“ zu verlängern, andererseits ist der eigene Wahn in ihm bereits völlig erloschen, wodurch er selbst dem samsâra ja bereits endgültig entronnen ist.

Der „bodhisattva“ jedoch hat ein Gelübde geleistet, das „samsâra“ NICHT zu beenden, solange noch unerlöste Wesen im Daseinskreislauf gefangen sind. Sein ethisches Ziel ist daher neben grenzenloser „maitrî“ (Liebe) nicht vielleicht „upekśâ“ (Gleichmut), sondern „mahâkarunâ“ (grenzenloses Mitleid). Er wird sich für das Leid in der Welt grenzenlos aufopfern. Er wird in Höllen hinabsteigen, um zu helfen, um zu trösten, und er wird in „deva“-Welten (himmlische Gefilde) hinaufsteigen, um selbstgefällige Himmlische aus ihrer Verblendung von Dauerhaftigkeit ihres Zustands aufzurütteln. Bei all dem jedoch verliert er niemals die Überzeugung, daß es sich in diesseitigen wie jenseitigen Gefilden um traumhafte Bewußtseinszustände handelt. Er flieht jedoch endgültige Erleuchtung, gemäß seinem Gelübde, in der Scheinwelt zu verbleiben. Zu bleiben und gleichzeitig in der Wirklichkeit zu ruhen(!). Hier liegt das große Mysterium für den Unerleuchteten, der immer wieder in die Dualistik zurückfällt.

Wird Verblendung durch Erleuchtung behoben, aufgehoben, verschwindet diskriminierendes Denken, und nichts mehr ist Mysterium, alles wird zur glasklaren Transparenz.

Aus buddhistischer Sicht trägt Jesus alle Charakteristika eines „bodhisattva“ in sich: Seine Opferbereitschaft, die Sünden (Leiden) anderer (aller) auf sich zu nehmen. Sein Gang in die Unterwelt, um auch hier Erlösung zu bringen. Seine ständige Nähe zur letzten Wirklichkeit, die er metaphorisch (entsprechend der Aufnahmsfähigkeit des damaligen Zeitgeistes) darlegte. Sein Versprechen wiederzukehren. Wer in tiefem Vertrauen und in Liebe zu ihm Zuflucht nimmt, dem ist (späteres) Heil gewiß, ganz so wie einem Shin-Gläubigen, der das „Nembutsu“ (ständige Wiederholung des Satzes „Namu Amida Butsu“ = „Verehrung dem Buddha Amitabha“) rezitiert. Welch positives Jesus-Bild gibt uns doch der Buddhist. Ich kenne keinen christlichen Theologen, der sich ähnlich verhielte, so man ihn bitten würde, ein Buddha-Bild aus seiner Sicht zu entwerfen. Für den Buddhisten ist daher das Christentum einer der 84 000 verschiedenen Wege, daher ein Teil des an sich unendlichen „saddharma“. Gott-Vater: ein durchaus brauchbares „upâya“ für jene Vielen, die vorerst ohne anthropomorphe Vorstellungen nicht auskommen können. Der Göttliche Sohn, der Himmlische Wiedergeborene, ausgestattet mit menschlichen Attributen – eine im Hinduismus seit undenkbaren Zeiten bekannte und immer wieder bezeugte Heilandsfigur. Der Hl. Geist, ein weiteres und wunderbares „upâya“ an sich. – Wenn ich Gott oder die hl. Dreifaltigkeit als „upâya“ bezeichne, so bin ich mir dessen bewußt, daß diese Interpretation von verschiedenen Seiten und aus unterschiedlichen Gründen Zurückweisung erfahren wird. Es bleibt aber zu bedenken, daß wir uns vorsichtig von „deus“ zu „deitas“ (s. Meister Eckhart!) weiterbewegt haben. Damals wurde der entscheidende Schritt bereits gemacht. Noch einen Schritt weiter, und „deitas“

wird selbst zu einem willkommenen „upâya“: Ein Schauender versinkt in die letzte Wirklichkeit und – erwacht!

Dem „träumenden Leser“ mag das alles verwirrend vorkommen, und die Frage wird in ihm unweigerlich entstehen, ob sich der Autor zu einer Wiedergeburt bekennt, oder ob er sich nicht dazu bekennt. Nichts erscheint mir schwieriger als die Forderung, man möge sich endlich vom typisch okzidentalen Entweder-oder-Denken lösen und zum Sowohl-als-auch-Denken vorzustoßen. Wenn man aber gar verlangt, man möge sich zwischen den Traumwelten einrichten, dann wird die Lage nahezu hoffnungslos. Ich selbst habe darüber Jahrzehnte hindurch meditative Betrachtungen angestellt, bis mir eines Tages ein Wort eines (anonymen) japanischen Mystikers begegnete, das mir bis ins Speicherbewußtsein hinabfiel: „Ist die Welt ein Traum? / Ist sie wesenhaft? Sage!– / Weder wesenhaft / noch ein Traum, daß ich wüßte: / Ein Etwas, ein Nichts in EINEM!“

Darf man einem Psychiater mystische Erlebnisse anvertrauen? Vielleicht zur eigenen Erheiterung und warten, was dabei herauskommt. Es könnte aber auch gefährlich werden, wenn es auch keinen mittelalterlichen Narrenturm mehr gibt. Dafür haben wir heute sogenannte „geschlossene Anstalten“; wer weiß, wer weiß ...! Einen Gehirnphysiologen zu befragen, wie er mystische Erlebnisse aus seiner wissenschaftlichen Sicht bewerten würde, wäre das nicht gleichfalls reizvoll? Vielleicht spricht er davon, daß offenbar Isolatoren in der Gehirnrinde durchgeschmolzen sind, und dann käme es zu den von den Mystikern so geschätzten „Einheitserlebnissen“. – Wenn der Sufi am Kreuz ausrief: „Ich bin die absolute Realität!“, war er damals größenwahnsinnig. ODER ...?[13]

Im Zen heißt es, daß ein Unerleuchteter nicht die Worte eines Erleuchteten verstehen könne. In eben diesem Sinne wird ein Psychiater vor der Mystik kapitulieren müssen; wenn er ehrlich ist: kapitulieren, oder aber, er wird nach den Lehren seiner Schule und nach seinen ganz persönlichen Ansichten, nach seiner Religiosität oder nach seiner Areligiosität, sich eine Meinung über diesen „Fall" bilden. So kann es nicht ausbleiben, daß er selbst die größten Heiligen und Mystiker der Vergangenheit subjektiv bewerten wird. Sicherlich könnte er als „außenstehender" Psychiater die gesamte Mystik in Frage stellen und sie in den Bereich religiöser Hysterie verweisen. Als Musterbeispiel könnte man da die hl. Katharina von Siena (1347–1380) anführen. Ihre mystische Hochzeit, der wunderschöne Ring am Finger, den nur sie sah, die unsichtbaren Stigmata, ihre Trunkenheit, ihr Schmerz, die überschwengliche Freude, ihre tiefste Anbetung ... Katharina wäre tatsächlich für einen Psychiater eine wahre Fundgrube. Andererseits ist es auch wieder verständlich, daß Erlebnisberichte wie „mystische Hochzeit", „mystischer Ring" u. dgl. von vielen Menschen (auch von praktizierenden Katholiken) angezweifelt werden und daß eben durch solche Behauptungen die Mystik abgelehnt wird und in Verruf kommt. Wäre es nicht dringend nötig, eine deutliche ABGRENZUNG vorzunehmen? *Hier* gegenstandslose, bildlose, inhaltslose Mystik-an-sich. Und *dort* – der Rest?

Aus katholischer Sicht wird man nur „seine" Heiligen und Mystiker anerkennen und die anderer Religionen mit Mißtrauen betrachten. Ist man aber besonders großzügig, wird man zwischen natürlicher und übernatürlicher Mystik (s. die Jesuiten-Patres E. Lassalle und H. Dumoulin) unterscheiden. Wie aber, wenn es sich bloß um der Mystik verwandte Erlebnisse handelt, wie etwa meine Erfahrungen in Bethlehem und in Etchmiadzin? Könnte ich da auf ein mildes Urteil beider Instanzen (Wissenschaft und Kirche) hoffen? Nach wie vor bin ich von fließenden Übergängen überzeugt; aber auch von der Ratlosigkeit der Psychiater, so sie objektive Beweise für ihre subjektiven Diagnosen vorlegen sollen. Mit der gleichen Berechtigung mag man auch meine stammelnd vorgebrachten Erkenntnisse in Zweifel ziehen. Und sagte ich schließlich: „Ich weiß es eben, weil ich es weiß!“, so sind wir im gegenseitigen Verstehen nicht einen Schritt weitergelangt. Und fütterte ich auch den Wissenschaftler mit den herrlichsten Zeugnissen der mystischen Literatur, was hülfe es? Zwei Welten stoßen aufeinander! Zuweilen – ich habe es erlebt – auf der einen Seite Hochmut, auf der anderen Demut. – Ich wagte nicht, mich bereits als einen Mystiker zu bezeichnen. Ich glaube daran, daß es ein Wetterleuchten gibt und viele fließende Übergänge. Vielleicht werde ich auf meinem Totenbett zu einem Mystiker, doch dann soll mein Mund sicherlich verschlossen bleiben.

XI. Kapitel
Ein religiöses Resümee

Wenn ich mein Leben überblicke, so war es ein einziges spirituelles Abenteuer. Es war derart überreich, daß ich, um meine Gefühle zum Ausdruck zu bringen, nichts Besseres wüßte, als nochmals das herrliche Wort Saigyôs „nachzubeten“: „Was es ist, das weiß ich nicht, doch aus Dankbarkeit fließen meine Tränen“. – Im Geiste lasse ich nochmals die spirituellen Stationen vorbeiziehen: Das fromme jüdisch-katholische Kind – Die unstillbare Sehnsucht, den „jüdischen Gott“ zu erleben – Die ersten Zweifel: Hiob und Kohelet – Mit Tolstoi in das Urchristentum hinein – Der homo religiosus in der Handelsakademie – Beschäftigung mit dem Islam – Religionsphilosophische Betrachtungen über das Kreuz – „Eli, Eli, lema sabachtani“: und das im doppelten Sinne – „Oh Paulus, was hast du aus Jeshua gemacht?“ – Abkehr von der Scholastik – Flucht nach China in eine andere geistige Welt – Kung-tse, Lao-tse und Omito-Fu – Bei den Jesuiten Shanghais – Beim chinesischen Altpapierwarenhändler: Entdeckung Schopenhauers – Flucht aus Shanghai: Rückwanderung in die okzidentale Spiritualität – Systematische Studien im Buddhismus und Taoismus – Studienreisen nach Sri Lanka und Thailand – Beginn eines neuen Lebensabschnittes in Japan – Forschungsabeiten an Universitäten und bei Weisen Japans – Eintritt ins Daitokuji-Kloster: Ausbildung zum Meditationslehrer – Vertiefung im Zen und im Taoismus – Als Zen-Apostel durch Mitteleuropa – Der Zentralbegriff alles fernöstlichen Denkens und Fühlens: upâya – Zen: Brücke zur Mystik – Ich entdecke die christliche Mystik – Das große Wetterleuchten im Hl. Land und in der Armenischen Sowjetrepublik: Berührung durch die Schwingen einer All-Mystik. Die

Schatzkästchen, angefüllt mit unermeßlichen Juwelen christlicher, islamischer, jüdischer, hinduistischer, taoistischer und buddhistischer Mystik, das alles waren die Stationen meines Lebens.

Als Ergebnis die Erkenntnis, daß alles intellektuelle Wissen um Religion wertlos ist. Sprechen über Erleuchtung führt zu keinem Ziel, ganz so, wie es in der wundervollen indischen Parabel heißt: Philosophische Theorien haben so viel mit Wahrheit zu tun wie eine Reisschale, die mit Sanskritwörtern angefüllt ist, mit einem wirklichen Reisgericht zu tun hat.

Ich komme – im doppelten Sinn – zu Ende: Der Geist ist frisch und lebendig wie eh und je; er kann ja nicht anders sein ... Nur das Gerät, dessen er sich bedient, das Gehirn, beginnt langsam zu zerfallen. Das gesamte Gebäude bröckelt an allen Seiten ab. Das entspricht ja „der Natur". Ich aber bleibe fröhlich, denn ich durfte SCHAUEN! Immer nur fröhlich? Nein. Zuweilen bin ich schon traurig, etwa dann, wenn ich mich meiner Bestimmung gemäß als Brückenpfeiler zwischen westlicher und östlicher Spiritualität verstehe und die GRÖSSTÖKUMENE als ein ZIEL OHNE HOFFNUNG ansehen muß. Liebevolle Dialoge zwischen den Religionen haben kaum noch begonnen! (Erinnert ihr euch des Satzes aus dem Śrimad Bhagavatam: „... und er sieht NUR das Gute in allen Religionen"? Könnte man nicht wenigstens daraus etwas lernen? Hier anknüpfen?) – Ich kenne keine Diskriminierungen mehr. Sprach ich früher von Mystik, so ordnete ich sie immer nach ihrem religiösen Herkunftsland. Das will ich nun sein lassen und bekenne mich bedingungslos zu einer INTERKONFESSIONELLEN MYSTIK, zu einer MYSTIK-AN-SICH!

Dieses kleine, bedeutungslose Erdengastspiel, das sich (wieder einmal?) dem Ende nähert, was brachte es? Was ist das religiöse Resümee meines überreichen Lebens? Erwachen? Noch nicht. Aber Wissen darum! Noch im Halbschlaf sein und in Demut warten. Das Herz in grenzenloser Dankbarkeit öffnen und warten. Weiter nichts.

Anmerkungen

* Das Originalzitat Karl Rahners entnahm ich dem Buch „Große Mystiker" von Ruhbach/Sudbrack 1984. Seite 243:
‚*Der Fromme von morgen wird ein Mystiker sein, einer, der etwas erfahren hat,* oder er wird nicht mehr sein, weil die Frömmigkeit von morgen nicht mehr durch die im voraus zu einer personalen Erfahrung und Entscheidung einstimmige, selbstverständliche öffentliche Überzeugung und religiöse Sitte aller mitgetragen wird, *die bisher übliche religiöse Erziehung* also nur *noch eine sekundäre Dressur für das religiös Institutionelle sein kann.*'

1 Man wende nicht ein, daß es den köstlichen Philippo Neri (1515–1595) gegeben habe; er kannte tatsächlich befreienden Humor! Doch er war die große Ausnahme, die die Regel bestätigt. In gewissem Abstand zu ihm wäre auch Thomas Morus (1478–1535) erwähnenswert. Seine Heiterkeit muß allerdings auf pietistische Gemüter seiner Zeitgenossen befremdlich gewirkt haben.

2 Das Buch Kohelet, auch Ekklesiastes oder Prediger genannt, ist selbst unter meinen „bibelfesten" Freunden so gut wie unbekannt. Diese Schrift, die man der Gruppe der „Weisheitsbücher" im Alten Testament zuzählt, ist – man verzeihe meinen Subjektivismus – das aufregendste, aufwühlendste Werk der gesamten Bibel. Es hat brennende Aktualität und ist gleichzeitig zeitlos. Es müßte jedem denkenden Menschen unter die Haut gehen. In der jüdischen Liturgie wird es wenigstens anläßlich des „Laubenhüttenfestes" verlesen. Davon abgesehen wird es immer und überall vernachlässigt. In den nachfolgenden Zeilen will ich mein begeistertes Bekenntnis zu dieser gewagtesten aller heiligen Schriften bekunden.
Etwa um das 3. Jahrhundert v. Ch. entstanden, legt dieses mehr als nur eigenwillige und – im Gegensatz zu allen anderen Büchern des AT – „geschichtslose" Werk die Auseinandersetzung des Judentums nicht nur mit griechischen Philosophen, sondern ganz allgemein mit Strömungen aus der Geisteswelt des Nahen Ostens dar, die inzwischen in die mosaische Welt eingedrungen waren. Die Juden hatten sich sowohl gegen die heidnischen Götter als auch gegen Wellen der Skepsis, gegen Gedanken des Epikur, der Stoa, des Theognis („Ein Vorzug ist es, überhaupt nicht geboren zu sein"), gegen das grandiose Gilgamesch-Epos, das aus dem 3. vorchristlichen Jahrtausend stammt („Der Menschheit Tage sind gezählt, was immer sie tun, ist nur Wind"),

gegen andere altbabylonische und alt-ägyptische Weisheitslehren zur Wehr zu setzen. Beim Studium des Kohelet kommt man nun höchst erstaunt zur Erkenntnis, daß diese Gedankengänge keinesfalls zurückgewiesen werden, sondern daß man sie eher vertieft. Heinrich Heine gab unserem Buch einst den Ehrentitel „Hohelied der Skepsis". (Manche Theologen meinen allerdings, daß er damit das Buch Hiob auszeichnen wollte.)

Ein Weiser spricht vom sinnlosen Kreislauf, von dauernder Ungerechtigkeit, von Unersättlichkeit und von der Enttäuschung des Lebens. Nachdem er dieses in allen Richtungen durchforscht hatte, kommt er zum Schluß, daß alles „Hèbel" sei. Hèbel wird zum Zentralbegriff und hat viele Schattierungen. Es bedeutet Windhauch, aber auch das Flüchtige, die Nichtigkeit, die Hinfälligkeit, die Wertlosigkeit, oder, wie Luther den Tenor des ganzen Buches übersetzt: „Alles ist eitel!" – Arbeit, Genuß, Reichtum, Armut, Torheit, Weisheit, Leben und Tod: ein ewiger Kreislauf, ohne vernünftigen Sinn. In summa könnte man von einem schmerzlichen Protest gegen die dogmatische Lebenserklärung der herrschenden jüdischen Schulweisheit sprechen. – Kohelet ist kein Prophet, der sich gegen das Unrecht auflehnt, er ist ein Weisheitslehrer, der schließlich immer bitterer wird. Gott hat für ihn seine sittliche Wesensart verloren. Die grausame Wirklichkeit zerbricht seinen Glauben an einen Sieg ethischer Lebensgesetze: „Und ich warf meinen Haß auf das Leben." Kohelet preist glücklicher die Toten als die Lebenden und glücklicher als beide den, der nicht ist. „Weit besser der Todestag als die Geburtsstunde."

Dieses seltsamste aller Bücher der Bibel wird unterschiedlich beurteilt. Die meisten Exegeten neigen dazu, daß „diese gefährliche Schrift" trotz ihrer ketzerischen Gedanken erst durch Ergänzungen, durch kleine Einschübe von fremder Hand für fromme Kreise überhaupt erträglich gemacht wurde. Manche wieder meinen, das Buch würde „die Hände verunreinigen". –

Schon der Prolog bietet eine trostlose Lebensanschauung. Im Anfang ist der Stil Kohelets (übrigens ein Literatenname; wer sich dahinter verbirgt, ist ungeklärt) eher gelassen, dann wird er leidenschaftlich, geht in Bitterkeit über und gipfelt in einem Trinkliedmotiv. (Als ich es las, ertönte in mir das „Trinklied vom Jammer der Erde" des größten chinesischen Poeten Li-tai Po – Kohelet hat eine herbe Grundansicht. Alle Schuld liegt an der Weltordnung: „Es ist Gott, der das Geschehene gekrümmt hat." Weisheit führt in eine Sackgasse. Wie man sich aus ihr befreien soll? Kohelet spricht zuerst von naiver Glückseligkeit, dann von Glück und Lachen und später von übermäßigem Genußleben. Es folgt darauf das törichte Schlemmen, der raffinierte Wonnerausch. Doch all dies sei Torheit (sein Lieblingswort). – Kohelet beklagt neuerlich, daß alles durch das despotische Schicksal bedingt sei. Traditionell nennt er dieses zwar Gott, aber die Willkür seines Gottes paßt weder zur schulweisheitlichen Theologie noch zur alttestamentarischen Frömmigkeit. Gott ist bei Kohelet fern, ein an sich blasser Begriff. – CARPE DIEM: Nur das Heute zählt: „Tag und Nacht freue

dich! Täglich mache ein Freudenfest! Tag und Nacht springe und tanze!" Wurden solche Gedanken im AT nie zuvor ausgesprochen? Doch. Etwa bei Jes 22,13: „Lasset uns essen und trinken, denn morgen sind wir tot."–
Mensch und Tier gelten ihm gleichwertig: Staub zu Staub ist ihre Bestimmung. Niemand kann sicher sein, daß der Mensch im Tod irgendeinen Vorrang vor dem Tiere hat. „Wer weiß von dem Odem (Seele) des Menschen, ob er nach oben steigt, und von dem Odem des Viehes, ob er hinunter in die Erde fährt. Da sah ich, daß es nichts Besseres gibt, als daß der Mensch bei seinem Tun fröhlich sei, denn das ist sein Teil. Denn wer brächte ihn dahin zu sehen, was nach ihm sein wird?"
Kohelet rät zwar nicht, das Beten aufzugeben, er hat nur Zweifel an dessen Effektivität. Er protestiert überhaupt gegen nichts, er sagt nur: „Wundere dich nicht!" Er kritisiert soziale Ungerechtigkeit, gibt aber gegen dieses Übel kein Programm. Seine Weisheitsunterweisungen bekommen einen herben Ton, die Darstellung spitzt sich ironisch zu. Kohelet wertet alle Dinge relativ. Er versucht der ernsten Wirklichkeit durch Ironie und schelmischen Humor zu entfliehen. –
Ob er mit Frauen schlechte Erfahrungen gemacht hatte? „Und da finde ich nun bitterer als den Tod: das Weib! Denn es ist ein Fangseil, ein Netz ist ihr Herz, Fesseln ihre Hände." – Wenig Torheit genügt, um Weisheit zunichte zu machen. – „Nur das Geld ermöglicht alles!" Doch Geld und Reichtum haben eine verhängnisvolle Wirkung. –
Der letzte Abschnitt über Jugend und Alter ist die dichterische Spitzenleistung, der Kulminationspunkt der gesamten Spruchsammlung. Vom sonnigen Frühling ist der Bogen gespannt zum Herbst des Alters. Gegenüber Ironie und Bitterkeit der vergangenen Abschnitte erleben wir nun sein tiefes Gefühl, seine wehmütige, nostalgische Zärtlichkeit gegenüber dem Leben.
Es gibt zwei Nachworte. Im zweiten heißt es: „... mein Sohn, laß dich warnen! Das viele Büchermachen nimmt kein Ende, und das viele Studieren ermüdet den Leib ...". – Sollte ich mich da nicht bei der eigenen Nase nehmen?
Man sollte sich in die unterschiedlichsten Exegesen dieses kleinen Wunderwerks vertiefen und daraufhin den Text immer wieder neu auf sich wirken lassen. Dann kommt man aus dem Staunen nicht heraus. – Warum eigentlich wurde noch niemals Kohelet aus buddhistischer, aus hinduistischer und aus taoistischer Sicht heraus interpretiert? Kohelet wäre eine Fundgrube. Gewiß, zwei der wichtigsten religiösen Ingredienzien müßte man hier vermissen: die Liebe und – als Ausweg aus der schrecklichen Erkenntnis, daß (aus realistischer Sicht) alles Hèbel ist – die Hoffnung einer mystischen Schau, mit deren Hilfe man das Jenseitige von Hèbel erleben könnte. Dennoch: Kohelet ist unauslotbar. Täglich will ich mich mit ihm beschäftigen!

[3] Natürlich kannte ich die beiden Dichter von der Schule her. Wie aber hätte ich sie schätzen können, wenn unser Deutschprofessor uns damit quälte, an diesen und anderen unsterblichen Meisterwerken die Bei-

strichregeln zu üben und große Abschnitte daraus von der Gegenwart in die Vergangenheit, in die Mitvergangenheit, in die Vorvergangenheit und in die Zukunft zu transferieren? Nun aber war ich – relativ gesehen – in Freiheit, und die Dichtkunst, vor allem die Dramatik, schlug mich in ihren Bann.

4 Theravâda, „Lehre der Älteren“, könnte man als die klassische Orthodoxie bezeichnen, eine Form, die auch heute noch im südostasiatischen Raum, also auf Sri Lanka, in Burma, Thailand, Laos und Kambodscha, durchaus lebendig geblieben ist.

5 S. das Visuddhi Magga XVI.: „Das Leiden gibt es, doch kein Leidender ist da / Die Taten gibt es, doch kein Täter findet sich / Erlösung gibt es, doch nicht den erlösten Mann / Den Pfad gibt es, doch keinen Wanderer sieht man da.“

6 MU heißt keineswegs Nein, sondern bezeichnet etwas, das jenseits von Affirmation und Negation liegt, und dafür verwendet man das „provisorische Wörtchen“ Nichts.

7 Töne, die in der Fukke Shû dem Shakuhaji, der Bambusflöte, entlockt werden, und die ganz ausgezeichnet dazu dienlich sind, den Übenden in die Tiefen des Speicherbewußtseins hinabzuführen, wollen wir nicht als herkömmliche Musik betrachten.

8 In diesem Zusammenhang will ich auf eine seltsame und altchinesische Verwünschungsformel aufmerksam machen, die da lautet: „Ich wünsche dir interessante Zeiten!“ Das aber scheint uns unbegreiflich zu sein; denn wir laufen doch gerade solchen interessanten Zeiten nach. Der Chinese jedoch blickt tiefer: Was er sucht, ist die Meeresstille des Gemüts, die durch interessante Erlebnisse aufgewühlt wird.

9 Er gilt als größter dramatischer Dichter Spaniens und darüber hinaus als glänzendstes poetisches Genie, das der Katholizismus hervorgebracht hat. Er lebte von 1600–1681, wurde 50jährig Mystiker, trat ein Jahr danach in den geistlichen Stand ein und erhielt vom König die Kaplanstelle am Hof.

10 Der Hauptgrund meines Rücktritts lag darin, daß ich mich durch keinerlei Abstempelungen durch eine Konfession eingeengt fühlen wollte. Selbst der Buddhismus als Religionsbekenntnis konnte mir nicht mehr genügen, alle Begrenzungen lagen hinter mir.

11 Das Wort stammt vom Begriff Suf, was Wolle bedeutet, da diese Mystiker sich in wollene Gewänder hüllten. Die Sufis waren nicht nur Mystiker, sondern oftmals gleichzeitig Dichter. Die von ihnen hervorgebrachte herrliche Poesie hatte vor allem indische, aber auch hellenistische, christliche und persische Vorbilder. Religiös strebten auch sie einer unio mystica zu. Ihr höchstes Ziel war denn auch das völlige Aufgehen in Gott. Ihr berühmtester Vertreter war Husain ibn Mansur-al-Halladsch, den man im Jahre 922 in Bagdad kreuzigte, weil er ausgerufen hatte: „Ich bin die höchste Realität!“ Berühmt wurde sein Ausspruch: „Das Genüge des Ekstatikers ist die Isolierung des Einen.“

[12] Wie man an diesem Beispiel erkennt, unterscheidet sich der Buddhist vom Taoisten in der Bewertung des Lebens an sich. Zwar wäre der Einwand gerechtfertigt, daß auch der Buddhist eine Wiedergeburt auf der Menschenebene als die bestmöglichste betrachtet, weil man nur hier die Chance hat, wieder mit dem Buddha-dharma in Berührung zu treten, jedoch würde man das samsâra an sich als verhängnisvoll und nirvâna als DEN Ausweg betrachten. Keinesfalls jedoch würde man das Mensch-Werden mit „Entzücken“ und Begeisterung begrüßen. – Im Ch'an und Zen heben sich die Gegensätze auf, da das Leben in den Bereich des „mâyâ“ verwiesen wird.

[13] Dazu ein passender Gedanke von A. Watts: „Es ist merkwürdig, daß Psychoanalytiker und die meisten Psychiater der christlichen, islamischen und der jüdischen Tradition insofern treu bleiben, als sie diejenigen verfolgen, die – wie Jesus Christus – eine Identität mit Gott erleben und diese verkünden, obwohl eine solche Erfahrung in Indien ... als etwas Alltägliches empfunden wird und gar keinen Anstoß erregt. Wenn man sich also mit Psychiatern einläßt, muß man sich hüten, von derlei Erfahrungen, ja, von Religion überhaupt, zu sprechen. Denn dies gilt als ein schlüssiger Beweis von Irrsinn, und nur wenige Psychiater sind in der Lage, zwischen einem Größenwahnsinnigen, der sich für Christus hält, und einem echten Mystiker, der ein einfacher Mensch ohne Bildung sein kann, zu unterscheiden.“